JEAN DE LÉRY

Les Indiens du Brésil

Postface et notes de
Jérôme Vérain

Couverture de
Olivier Fontvieille

ÉDITIONS MILLE ET UNE NUITS

JEAN DE LÉRY
n° 391

Texte intégral des chapitres VIII, IX, XIV, XV et XVII
de l'*Histoire d'un voyage fait en la terre du Brésil, autrement dite Amérique... le tout recueilli par Jean de Léry*, A. Chuppin, 1578.
La ponctuation et la graphie ont été modernisées dans la présente édition.

Notre adresse Internet : www.1001nuits.com

ISBN : 2-84205-684-1

Sommaire

JEAN DE LÉRY

Les Indiens du Brésil

Avertissement de l'Éditeur

*La présente édition reprend tous les chapitres de l'*Histoire d'un voyage fait en la terre du Brésil *de Jean de Léry spécifiquement consacrés à la vie quotidienne des Tupinamba : costume (VIII), alimentation (IX), rites de guerre (XIV) et d'anthropophagie (XV), mariage et polygamie (XVII).*

Les Indiens du Brésil

Chapitre VIII

Du naturel, force, stature, nudité, disposition et ornements du corps, tant des hommes que des femmes sauvages brésiliens, habitant en l'Amérique : entre lesquels j'ai fréquenté environ un an.

Ayant jusqu'ici récité, tant ce que nous vîmes sur mer en allant en la terre du Brésil que comme toutes choses [se] passèrent en l'île et Fort de Coligny, où se tenait Villegagnon, pendant que nous y étions, et en même temps quelle est la rivière nommée Guanabara en l'Amérique [1], puisque je suis entré si avant en matière, avant que je me rembarque pour retourner en France, je veux aussi discourir, tant sur ce que j'ai observé touchant la façon de vivre des sauvages, que des autres choses singulières et inconnues par-deçà [2], que j'ai vues en leur pays.

En premier lieu donc (afin que, commençant par le principal, je poursuive par ordre) les sauvages de l'Amérique, habitant en la terre du Brésil, nommés Tupinamba [3], avec lesquels j'ai demeuré et fréquenté familièrement environ un an, n'étant point plus grands, plus gros, ou plus petits de stature que nous sommes en l'Europe, n'ont le corps ni monstrueux ni prodigieux à notre égard : bien sont-ils plus forts, plus robustes et replets, plus dispos, moins sujets à maladie : et même il n'y a presque point de boiteux, de borgnes, contrefaits, ni maléficiés entre eux. Davantage, bien que plusieurs parviennent jusqu'à l'âge de cent ou six vingt ans[4] (car ils savent bien retenir et compter leurs âges par lunes), peu y en a qui en leur vieillesse aient les cheveux ni blancs ni gris. Choses qui pour certain montrent non seulement le bon air et bonne température de leur pays, auquel, comme j'ai dit ailleurs, sans gelées ni grandes froidures, les bois, herbes et champs sont toujours verdoyants, mais aussi (eux tous buvant vraiment à la fontaine de Jouvence) le peu de soin et de souci qu'ils ont des choses de ce monde. Et de fait, comme je le montrerai encore plus amplement ci-après, tout ainsi qu'ils ne puisent en façon que ce soit en ces sources fangeuses, ou plutôt pestilentielles, dont découlent tant de ruisseaux qui nous rongent les os, sucent la moelle, atténuent le corps et consument l'esprit; bref nous empoisonnent et font mourir par-deçà devant nos jours : à savoir en la défiance, en l'avarice qui en procède, aux procès et brouilleries, en l'envie et ambition, aussi rien de tout cela ne les tourmente, [encore] moins les domine et passionne.

Quant à leur couleur naturelle, attendu la région chaude où ils habitent, n'étant pas autrement noirs, ils sont seulement basanés, comme vous diriez les Espagnols ou Provençaux.

Au reste, chose non moins étrange que difficile à croire à ceux qui ne l'ont vu, tant hommes, femmes qu'enfants, non seulement sans cacher aucunes parties de leurs corps, mais aussi sans montrer aucun signe d'en avoir honte ni vergogne, demeurent et vont coutumièrement aussi nus qu'ils sortent du ventre de leurs mères. Et cependant tant s'en faut, comme aucuns pensent, et d'autres le veulent faire accroire, qu'ils soient velus ni couverts de leurs poils, qu'au contraire, n'étant point naturellement plus pelus que nous sommes en ce pays par-deçà, encore si tôt que le poil qui croît sur eux, commence à poindre et à sortir de quelque partie que ce soit, voire jusqu'à la barbe et aux paupières et sourcils des yeux (ce qui leur rend la vue louche, bigle, égarée et farouche), ou il est arraché avec les ongles, ou depuis que les chrétiens y fréquentent, avec des pincettes qu'ils leur donnent : ce qu'on a aussi écrit que font les habitants de l'île de Cumana au Pérou. J'excepte seulement, quant à nos Tupinamba, les cheveux, lesquels encore à tous les mâles, dès leurs jeunes âges, depuis le sommet et tout le devant de la tête, sont tondus fort près, tout ainsi que la couronne d'un moine, et sur le derrière, à la façon de nos majeurs, et de ceux qui laissent croître leur perruque on leur rogne sur le col. À quoi aussi, pour (s'il m'est possible) ne rien omettre de ce qui fait à ce propos, j'ajouterai en cet endroit, qu'ayant en ce pays-là certaines herbes, larges d'environ deux doigts, lesquelles croissent un peu courbées en rond et en long, comme vous diriez le tuyau qui couvre l'épi de ce gros mil que nous appelons en France blé sarrazin : j'ai vu des vieillards (mais non pas tous, ni même nullement les jeunes hommes, [encore] moins les enfants), lesquels prenant deux feuilles de ces herbes, les mettaient et liaient avec du fil de coton à l'entour de leur membre viril : comme aussi ils l'enveloppaient quelquefois avec les mouchoirs et autres petits linges que nous leur baillions. En quoi, de prime face, il semblerait qu'il restât encore en eux quelque scintille de honte naturelle ; voire toutefois s'ils faisaient telles choses ayant égard à cela : car, bien que je ne m'en sois point autrement enquis, j'ai plutôt opinion que c'est pour cacher quelque infirmité qu'ils peuvent avoir en leur vieillesse en cette partie-là.

Outreplus, ils ont cette coutume que, dès l'enfance de tous les garçons, la lèvre de dessous au-dessus du menton leur étant percée, chacun y porte ordinairement dans le trou un certain os bien poli, aussi blanc qu'ivoire, fait presque de la façon d'une de ces petites quilles de quoi on joue par-deçà sur la table avec la pirouette : tellement que le bout pointu sortant un pouce ou deux doigts en dehors, cela est retenu par un arrêt entre les gencives et la lèvre, et l'ôtent et remettent quand bon leur semble. Mais ne portant ce poinçon d'os blanc qu'en leur adolescence, quand ils sont grands, et qu'on les appelle *conomi oussou* (c'est-à-dire « gros ou grand garçon »), au lieu de celui-ci ils appliquent et enchâssent au pertuis de leurs lèvres une pierre verte (espèce de fausse émeraude), laquelle aussi retenue d'un arrêt par le dedans, paraît par le dehors, de la rondeur et largeur et deux fois plus épaisse qu'un téton : voire il y en a qui en portent d'aussi longue et ronde que le doigt : de laquelle dernière façon j'en avais apporté une en France. Que si au reste quelquefois quand ces pierres sont ôtées, nos Tupinamba pour leur plaisir font passer leurs langues par cette fente de la lèvre, étant lors avis à ceux qui les regardent qu'ils aient deux bouches : je vous laisse à penser, s'ils les fait bon voir de cette façon, et si cela les difforme ou non. Joint qu'outre cela j'ai vu des hommes, lesquels ne se contentant pas seulement de porter de ces pierres vertes à leurs lèvres, en avaient aussi aux deux joues, lesquelles semblablement ils s'étaient fait percer pour cet effet.

Quant au nez, au lieu que les sages femmes de par-deçà, dès la naissance des enfants, afin de leur faire plus beaux et plus grands, leur tirent avec les doigts : tout au rebours, nos Américains faisant consister la beauté de leurs enfants d'être fort camus, si tôt qu'ils sont sortis du ventre de la mère (tout ainsi que voyez qu'on fait en France les barbets et petits chiens) ils ont le nez écrasé et enfoncé avec le pouce ; ou au contraire quelque autre dit qu'il y a une certaine contrée au Pérou, où les Indiens ont le nez si outrageusement grand, qu'ils y mettent des émeraudes, turquoises et autres pierres blanches et rouges avec filets d'or.

Au surplus, nos Brésiliens se bigarrent souvent le corps de diverses peintures et couleurs : mais surtout ils se noircissent ordinairement si bien les cuisses et les jambes du jus d'un certain fruit qu'ils nomment *génipa*[5], que vous jugeriez à les voir un peu de loin de cette façon, qu'ils ont chaussé des chausses de prêtre : et s'imprime si fort sur leur chair cette teinture noire faite de ce fruit *génipa*, que, quoi qu'ils y mettent dans l'eau, voire qu'ils se lavent tant qu'ils voudront, ils ne la peuvent effacer de dix ou douze jours.

Ils ont aussi des croissants, plus longs que demi-pied, faits d'os bien unis, aussi blancs qu'albâtre, lesquels ils nomment *Y-aci*, du nom de la lune, qu'ils appellent ainsi : et les portent quand il leur plaît pendus à leur col, avec un petit cordon, fait de fil de coton, cela battant à plat sur la poitrine.

Semblablement, après qu'avec une grande longueur de temps ils ont poli sur une pièce de grès une infinité de petites pièces, d'une grosse coquille de mer appelée *vignol*, lesquelles ils arrondissent et font aussi primes, rondes et déliées qu'un denier tournois : percées qu'elles sont par le milieu, et enfilées avec du fil de coton, ils en font des colliers qu'ils nomment *boü-re*, lesquels quand bon leur semble, ils tortillent à l'entour de leur col, comme on fait en ces pays les chaînes d'or. C'est à mon avis ce qu'aucuns appellent porcelaine, de quoi nous voyons beaucoup de femmes porter des ceintures par-deçà : et [j']en avais plus de trois brasses, d'aussi belles qu'il s'en puisse voir, quand j'arrivai en France. Les sauvages font encore de ces colliers, qu'ils appellent *boüre*, d'une certaine espèce de bois noir, lequel, pour être presque aussi pesant et luisant que jayet[6], est fort propre à cela.

Davantage nos Américains ayant quantité de poules communes, dont les Portugais leur ont baillé l'engeance, plumant souvent les blanches et avec quelques ferrements, depuis qu'ils en ont, et auparavant avec des pièces tranchantes découpant plus menu que chair de pâté les duvets et petites plumes, après qu'ils les ont fait bouillir et teindre en rouge avec du brésil, s'étant frottés d'une certaine gomme qu'ils ont propre à cela, ils s'en couvrent, emplumassent et chamarrent le corps, les bras et les jambes : tellement qu'en cet état ils semblent avoir du poil folet, comme les pigeons, et autres oiseaux nouvellement éclos. Et est vraisemblablement que quelques-uns de ces pays par-deçà, les ayant vus du commencement qu'ils arrivent en leur terre accoutrés de cette façon, s'en étant revenus sans avoir plus grande connaissance d'eux, divulguèrent et firent courir le bruit que les sauvages étaient velus : mais comme j'ai dit ci-dessus, ils ne sont pas tels de leur naturel, et partant ça a été une ignorance, et chose trop légèrement reçue. Quelqu'un au semblable a écrit que les Cumanois s'oignent d'une certaine gomme ou onguent gluant, puis se couvrent de plumes de diverses couleurs, n'ayant point mauvaise grâce en tel équipage.

Quant à l'ornement de tête de nos Tupinikin, outre la couronne sur le devant, et cheveux pendants sur le derrière, dont j'ai fait mention, ils lient et arrangent des plumes d'ailes d'oiseaux incarnates, rouges et d'autres couleurs, desquelles ils font des fronteaux, assez ressemblants quant à la façon, aux cheveux vrais ou faux qu'on appelle raquettes ou ratepenades : dont les dames et damoiselles de France, et d'autres pays de deçà depuis quelque temps se sont si bien accommodées : et dirait-on qu'elles ont eu cette invention de nos sauvages, lesquels appellent cet engin *yempenambi*.

Ils ont aussi des pendants à leurs oreilles, faits d'os blanc, presque de la même sorte que la pointe que j'ai dit ci-dessus, que les jeunes garçons portent en leurs lèvres trouées. Et au surplus, ayant en leur pays un oiseau qu'ils nomment *toucan*, lequel (comme je le décrirai plus amplement en son lieu) a entièrement le plumage aussi noir qu'un corbeau, excepté sous le col, qu'il a environ quatre doigts de long et trois de large, tout couvert de petites et subtiles plumes jaunes, bordé de rouge par le bas, écorchant ses poitrails (lesquels ils appellent aussi *toucan* du nom de l'oiseau qui les porte) dont ils ont grande quantité, après qu'ils sont secs, ils en attachent avec de la cire qu'ils nomment *yra-yetic*, un de chacun côté de leurs visages au-dessus des oreilles : tellement qu'ayant ainsi ces placards jaunes sur les joues, il semble presque avis que ce soient deux bossettes de cuivre doré aux deux bouts du mors ou frein de la bride d'un cheval.

Que si, outre tout ce que dessus, nos Brésiliens vont en guerre, ou qu'à la façon que je dirai ailleurs ils tuent solennellement un prisonnier pour le manger : se voulant lors mieux parer et faire plus braves, ils se vêtent de robes, bonnets, bracelets, et autres parements de plumes vertes, rouges, bleues, et d'autres diverses couleurs, naturelles, naïves et d'excellente beauté. Tellement qu'après qu'elles sont par eux ainsi diversifiées, entremêlées, et fort proprement liées l'une à l'autre, avec de très petites pièces de bois de cannes et du fil de coton, n'y ayant plumassier en France qui les sût guère mieux manier, ni plus dextrement accoutrer, vous jugeriez que les habits qui en sont faits sont de velours à long poil. Ils font de même artifice les garnitures de leurs épées et massues de bois, lesquelles aussi, ainsi décorées et enrichies de ces plumes si bien appropriées et appliquées à cet usage, il fait merveilleusement bon voir.

Pour la fin de leurs équipages, recouvrant de leurs voisins de grandes plumes d'autruche ([ce] qui montre [qu'il y a] en quelques endroits de ces pays-là de ces gros et lourds oiseaux, où néanmoins, pour n'en rien dissimuler, je n'en ai point vu) de couleurs grises, accommodant tous les tuyaux serrés d'un côté, et le reste qui s'éparpille en rond en façon d'un petit pavillon, ou d'une rose, ils en font un grand pennache, qu'ils appellent *araroye* : lequel étant lié sur leurs reins avec une corde de coton, l'étroit devers la chair, et le large en dehors, quand ils en sont enharnachés (comme il ne leur sert à autre chose), vous diriez qu'ils portent une mue à tenir les poulets dessous, attachée sur leurs fesses. Je dirai plus amplement en autre endroit comme les plus grands guerriers d'entre eux, afin de montrer leur vaillance, et surtout combien ils ont tué de leurs ennemis et massacré de prisonniers pour manger, s'incisent la poitrine, les bras et les cuisses : puis frottent ces déchiquetures d'une certaine poudre noire, qui les fait paraître toute leur vie : de manière qu'il semble, à les voir de cette façon, que ce soient chausses et pourpoints découpés à la suisse et à grands balafres qu'ils aient vêtus.

Que s'il est question de sauter, boire et caouiner[7], qui est presque leur métier ordinaire, afin qu'outre le chant et la voix, dont ils usent coutumièrement en leurs danses, ils aient encore quelque chose pour leur réveiller l'esprit, après qu'ils ont cueilli un certain fruit qui est de la grosseur, et aucunement approchant de la forme d'une châtaigne d'eau, lequel a la peau assez ferme : bien sec qu'il est, le noyau ôté, et au lieu de celui-ci mettant de petites pierres dedans, en enfilant plusieurs ensemble, ils en font des jambières, lesquelles liées à leurs jambes, font autant de bruit que feraient des coquilles d'escargots ainsi disposées, voire presque que les sonnettes de par-deçà, desquelles aussi ils sont fort convoiteux quand on leur en porte.

Outreplus, y ayant en ce pays-là une sorte d'arbre qui porte son fruit aussi gros qu'un œuf d'autruche, et de même figure, les sauvages l'ayant percé par le milieu (ainsi que vous voyez en France les enfants percer de grosses noix pour faire des moulinets), puis creusé et mis dans celui-ci de petites pierres rondes, ou bien des grains de leur gros mil, duquel il sera parlé ailleurs, passant puis après un bâton d'environ un pied et demi de long à travers, ils en font un instrument qu'ils nomment *maraca* : lequel, bruyant plus fort qu'une vessie de pourceau pleine de pois, nos Brésiliens ont ordinairement en la main. Quand je traiterai de leur religion, je dirai l'opinion qu'ils ont tant de ce *maraca*, que de sa sonnerie, après que par eux il a été enrichi de belles plumes, et dédié à l'usage que nous verrons là. Voilà en somme quant au naturel, accoutrements et parements dont nos Tupinamba ont accoutumé de s'équiper en leur pays. Vrai est qu'outre tout cela, nous autres ayant porté dans nos navires grande quantité de frises rouges, vertes, jaunes et d'autres couleurs, nous leur en faisions faire des robes et des chausses bigarrées, lesquelles nous leur changions contre des vivres, guenons, perroquets, brésil, coton, poivre long, et autres choses de leur pays, de quoi les mariniers chargent ordinairement leurs vaisseaux. Mais les uns, sans rien avoir sur leurs corps, chaussant quelquefois de ces chausses larges à la matelote : les autres au contraire sans chausses vêtant des saies qui ne leur venaient que jusqu'aux fesses, après qu'ils s'étaient un peu regardés et promenés en tel équipage (qui n'était pas sans nous faire rire tout notre saoul), eux dépouillant ces habits, les laissaient en leurs maisons jusqu'à ce que l'envie leur vînt de les reprendre : autant en faisaient-ils des chapeaux et chemises que nous leur baillions.

Ainsi ayant déduit bien amplement tout ce qui se peut dire touchant l'extérieur du corps, tant des hommes que des enfants mâles américains, si maintenant en premier lieu, suivant cette description, vous vous voulez représenter un sauvage, imaginez en votre entendement un homme nu, bien formé et proportionné de ses membres, ayant tout le poil qui croît sur lui arraché, les cheveux tondus, de la façon que j'ai dit, les lèvres et joues fendues, et des os pointus, ou des pierres vertes comme enchâssées en icelles, les oreilles percées avec des pendants dans les trous, le corps peinturé, les cuisses et jambes noircies de cette teinture qu'ils font du fruit *génipa* sus-mentionné : des colliers composés d'une infinité de petites pièces de cette grosse coquille de mer qu'ils appellent *vignol*, tels que je vous les ai déchiffrés, pendus au col : vous le verrez comme il est ordinairement en son pays, et tel, quant au naturel, que vous le voyez portrait ci-après [8], avec seulement son croissant d'os bien poli sur sa poitrine, sa pierre au pertuis de la lèvre : et pour contenance son arc débandé, et ses flèches aux mains. Vrai est que pour remplir cette planche, nous avons mis auprès de Tupinamba l'une de ses femmes, laquelle, suivant leur coutume, tenant son enfant dans une écharpe de coton, l'enfant au réciproque, selon la façon aussi qu'elles les portent, tient le côté de la mère embrassé avec les deux jambes : et auprès des trois un lit de coton, fait comme un rets à pêcher, pendu en l'air, ainsi qu'ils couchent en leur pays. Semblablement la figure du fruit qu'ils nomment *ananas*, lequel ainsi que je le décrirai ci-après, est des meilleurs que produise cette terre du Brésil.

Pour la seconde contemplation d'un sauvage, lui ayant ôté toutes les susdites fanfares de dessus, après l'avoir frotté de gomme glutineuse, couvrez-lui tout le corps, les bras et les jambes de petites plumes hachées menues, comme de la bourre teinte en rouge, et lors étant ainsi artificiellement velu de ce poil folet, vous pouvez penser s'il sera beau fils.

En troisième lieu, soit qu'il demeure en sa couleur naturelle, qu'il soit peinturé, ou emplumassé, revêtez-le de ses habillements, bonnets, et bracelets si industrieusement faits de ces belles et naïves plumes de diverses couleurs, dont je vous ai fait mention, et ainsi accoutré, vous pourrez dire qu'il est en son grand pontificat.

Que si pour le quatrième, à la façon que je vous ai tantôt dit qu'ils font, le laissant moitié nu et moitié vêtu, vous le chaussez et habillez de nos frises de couleurs, ayant l'une des manches verte, et l'autre jaune, considérez là-dessus qu'il ne lui faudra plus qu'une marotte.

Finalement ajoutant aux choses susdites l'instrument nommé *maraca* en sa main, et pennache de plume qu'ils appellent *araroye* sur les reins, et ses sonnettes composées de fruits à l'entour de ses jambes, vous le verrez lors, ainsi que je le représenterai encore en autre lieu, équipé en la façon qu'il est, quand il danse, saute, boit et gambade.

Quant au reste de l'artifice dont les sauvages usent pour orner et parer leurs corps, selon la description entière que j'en ai faite ci-dessus, outre qu'il faudrait plusieurs figures pour les bien représenter, encore ne le saurait-on bien faire parer sans y ajouter la peinture, ce qui requerrait un livre à part. Toutefois, au surplus de ce que j'en ai déjà dit, quand je parlerai de leurs guerres et de leurs armes, leur déchiquetant le corps, et mettant l'épée ou massue de bois, et l'arc et les flèches au poing, je le décrirai plus furieux. Mais laissant pour maintenant un peu à part nos Tupinamba en leur magnificence, gaudir et jouir du bon temps qu'ils se savent bien donner, il faut voir si leurs femmes et filles, lesquelles ils nomment *quoniam* (et, depuis que les Portugais ont fréquenté par-delà en quelques endroits, *maria*), sont mieux parées et attifées.

Premièrement, outre ce que j'ai dit au commencement de ce chapitre qu'elles vont ordinairement toutes nues aussi bien que les hommes, encore ont-elles cela de commun avec eux de s'arracher tant tout le poil qui croît sur elles que les paupières et sourcils des yeux. Vrai est que pour l'égard des cheveux, elles ne les ensuivent pas : car au lieu qu'eux, ainsi que j'ai dit ci-dessus, les tondent sur le devant et rognent sur le derrière, elles au contraire non seulement les laissent croître et devenir longs, mais aussi (comme les femmes de par-deçà) les peignent et lavent fort soigneusement : voire les troussent quelquefois avec un cordon de coton teint en rouge; toutefois les laissant plus communément pendre sur leurs épaules, elles vont presque toujours déchevelées.

Au surplus, elles diffèrent aussi en cela des hommes qu'elles ne se font point fendre les lèvres ni les joues, et par conséquent ne portent aucunes pierreries au visage : mais quant aux oreilles, afin de s'y appliquer des pendants, elles se les font si outrageusement percer, qu'outre que quand ils en sont ôtés, on passerait aisément le doigt à travers des trous, encore ces pendants faits de cette grosse coquille de mer nommée *vignol*, dont j'ai parlé, étant blancs, ronds et aussi longs qu'une moyenne chandelle de suif : quand elles en sont coiffées, cela leur battant sur les épaules, voire jusque sur la poitrine, il semble à les voir un peu de loin, que ce soient oreilles de limiers qui leur pendent de côté et d'autre.

Touchant le visage, voici la façon comme elles se l'accoutrent. La voisine ou compagne, avec le petit pinceau en la main, ayant commencé un petit rond droit au milieu de la joue de celle qui se fait peinturer, tournoyant tout à l'entour en rouleau et forme de limaçon, non seulement continuera jusqu'à ce qu'avec des couleurs bleue, jaune et rouge, elle lui ait bigarré et chamarré toute la face, mais aussi (ainsi qu'on dit que font semblablement en France quelques impudiques) au lieu des paupières et sourcils arrachés, elle n'oubliera pas de bailler le coup de pinceau.

Au reste elles font de grands bracelets, composés de plusieurs pièces d'os blancs, coupés et taillés en manière de grosses écailles de poissons, lesquelles elles savent si bien rapporter, et si proprement joindre l'une à l'autre, avec de la cire et autre gomme mêlée parmi en façon de colle, qu'il n'est pas possible de mieux. Cela ainsi fabriqué, long qu'il est d'environ un pied et demi, ne se peut mieux comparer qu'aux brassards de quoi on joue au ballon par-deçà. Semblablement elles portent de ces colliers blancs (nommés *boüre* en leur langage), lesquels j'ai décrits ci-dessus : non pas toutefois qu'elles les pendent à leur col, comme vous avez entendu que font les hommes, car seulement elles les tortillent à l'entour de leur bras. Et voilà pourquoi, et pour se servir à même usage, elles trouvaient si jolis les petits boutons de verre, jaunes, bleus, verts, et d'autres couleurs enfilés en façon de patenôtres, qu'elles appellent *mauroubi*, desquels nous avions porté grand nombre pour trafiquer pardelà. Et de fait, soit que nous allassions en leurs villages ou qu'elles vinssent en notre fort, afin de les avoir de nous, en nous présentant des fruits, ou quelque autre chose de leur pays, avec la façon de parler pleine de flatterie dont elles usent ordinairement, nous rompant la tête, elles étaient incessamment après nous, disant : *mair, deagatorem, amabé mauroubi*; c'est-à-dire : « Français, tu es bon, donne-moi de tes bracelets de boutons de verre. » Elles faisaient le semblable pour tirer de nous des peignes qu'elles nomment *guap* ou *kuap*, des miroirs qu'elles appellent *aroua*, et toutes autres merceries et marchandises que nous avions dont elles avaient envie.

Mais entre les choses doublement étranges et vraiment émerveillables que j'ai observées en ces femmes brésiliennes, c'est encore qu'elles ne se peinturent pas si souvent le corps, les bras, les cuisses et les jambes que font les hommes, même qu'elles ne se couvrent ni de plumasseries ni d'autres choses qui croissent en leur terre : tant y a néanmoins que quoi que nous leur ayons plusieurs fois voulu bailler des robes de frise et des chemises (comme j'ai dit que nous faisions aux hommes qui s'en habillaient quelquefois), il n'a jamais été en notre puissance de les faire vêtir : tellement qu'elles en étaient là résolues (et crois qu'elles n'ont pas encore changé d'avis) de ne souffrir ni avoir sur elles chose quelle qu'elle soit. Vrai est que pour prétexte de s'en exempter et demeurer toujours nues, nous alléguant leur coutume, qui est qu'à toutes les fontaines et rivières claires qu'elles rencontrent, s'accroupissant sur le bord, ou se mettant dedans, elles jettent avec les deux mains de l'eau sur leur tête, et se lavent et plongent ainsi tout le corps comme canes, tel jour sera plus de douze fois, elles disaient que ce leur serait trop de peine de se dépouiller si souvent. Ne voilà pas une belle et bien pertinente raison ? mais telle qu'elle est, si la faut-il recevoir, car d'en contester davantage contre elles, ce serait en vain et n'en auriez autre chose. Et de fait, cet animal se délecte si fort en cette nudité, que non seulement, comme j'ai déjà dit, les femmes de nos Tupinamba demeurant en terre ferme en toute liberté, avec leurs maris, pères et parents, étaient là du tout obstinées de ne vouloir s'habiller en façon que ce fût : mais aussi quoi que nous fissions couvrir par force les prisonnières de guerre que nous avions achetées, et que nous tenions esclaves pour travailler en notre fort, tant y a toutefois qu'aussitôt que la nuit était close, elles dépouillant secrètement leurs chemises et les autres haillons qu'on leur baillait, il fallait que pour leur plaisir et avant que se coucher elles se promenassent toutes nues parmi notre île. Bref, si c'eût été au choix de ces pauvres misérables, et qu'à grands coups de fouet on ne les eût contraintes de s'habiller, elles eussent mieux aimé endurer le hâle et la chaleur du soleil, voire s'écorcher les bras et les épaules à porter continuellement la terre et les pierres, que de rien endurer sur elles.

Voilà aussi sommairement quels sont les ornements, bagues et joyaux ordinaires des femmes et des filles américaines. Partant, sans en faire ici autre épilogue, que le lecteur, par cette narration les contemple comme il lui plaira.

Traitant du mariage des sauvages, je dirai comme leurs enfants sont accoutrés dès leur naissance : mais pour l'égard des grandets au-dessus de trois ou quatre ans, je prenais surtout grand plaisir de voir les petits garçons qu'ils nomment *conomi miri*, lesquels fessus, grassets et refaits qu'ils sont, beaucoup plus que ceux de par-deçà, avec leurs poinçons d'os blanc dans leurs lèvres fendues, les cheveux tondus à leur mode, et quelquefois le corps peinturé, ne faillaient jamais de venir en troupe dansant au-devant de nous quand ils nous voyaient arriver en leurs villages. Aussi pour en être récompensés, en nous amadouant et suivant de près, ils n'oubliaient pas de dire, et répéter souvent en leur petit jargon, *contoüassat, amabé pinda*, c'est-à-dire : « Mon ami et mon allié, donne moi des hameçons à pêcher. » Que si là-dessus leur octroyant leur requête (ce que j'ai souvent fait) nous leur en mêlions dix ou douze des plus petits parmi le sable et la poussière, eux se baissant soudainement, c'était un passe-temps de voir cette petite marmaille toute nue, laquelle pour trouver et amasser ces hameçons trépillait et grattait la terre comme connils[9] de garenne.

Finalement, bien que durant environ un an que j'ai demeuré en ce pays-là j'aie été si curieux de contempler les grands et les petits que m'étant avis que je les vois toujours devant mes yeux, j'en aurai à jamais l'idée et l'image en mon entendement, si est-ce néanmoins qu'à cause de leurs gestes et contenances du tout dissemblables des nôtres, je confesse qu'il est malaisé de les bien représenter, ni par écrit, ni même par peinture. Par quoi, pour en avoir le plaisir, il les faut voir et visiter en leur pays. Voire mais, direz-vous, la planche est bien longue : il est vrai, et partant si vous n'avez bon pied, bon œil, craignant que ne trébuchiez, ne vous jouez pas de vous mettre en chemin. Nous verrons encore plus amplement ci-après, selon que les matières que je traiterai se présenteront, quelles sont leurs maisons, ustensiles de ménage, façon de coucher, et autres manières de faire.

Toutefois avant de clore ce chapitre, ce lieu-ci requiert que je réponde, tant à ceux qui ont écrit qu'à ceux qui pensent que la fréquentation entre ces sauvages tous nus, et principalement parmi les femmes, incite à lubricité et paillardise. Sur quoi je dirai en un mot, qu'encore vraiment qu'en apparence il n'y ait que trop d'occasion d'estimer qu'outre la déshonnêteté de voir ces femmes nues, cela ne semble aussi servir comme d'un appât ordinaire à convoitise : toutefois, pour en parler selon ce qui s'en est communément aperçu pour lors, cette nudité ainsi grossière en telle femme est beaucoup moins attrayante qu'on ne croirait. Et partant, je maintiens que les attifets, fards, fausses perruques, cheveux tortillés, grands collets fraisés, vertugales, robes sur robes, et autres infinies bagatelles dont les femmes et filles de par-deçà se contrefont et n'ont jamais assez, sont sans comparaison cause de plus de maux que n'est la nudité ordinaire des femmes sauvages ; lesquelles cependant, quant au naturel, ne doivent rien aux autres en beauté. Tellement que si l'honnêteté me permettait d'en dire davantage, me vantant bien de dissiper toutes les objections qu'on pourrait amener au contraire, j'en donnerais des raisons si évidentes que nul ne les pourrait nier. Sans donc poursuivre ce propos plus avant, je me rapporte de ce peu que j'en ai dit à ceux qui ont fait le voyage en la terre du Brésil, et qui comme moi ont vu les unes et les autres.

Ce n'est pas cependant que contre ce que dit la Sainte Écriture d'Adam et Ève, lesquels après le péché, reconnaissant qu'ils étaient nus, furent honteux, je veuille en façon que ce soit approuver cette nudité : plutôt détesterai-je les hérétiques qui contre la loi de nature (laquelle toutefois quant à ce point n'est nullement observée entre nos pauvres Américains) l'ont autrefois voulu introduire par-deçà [10].

Mais ce que j'ai dit de ces sauvages est pour montrer qu'en les condamnant si austèrement, de ce que sans nulle vergogne ils vont ainsi le corps entièrement découvert, nous excédant en l'autre extrémité, c'est-à-dire en nos bombances, superfluités et excès en habits, ne sommes guère plus louables. Et plût à Dieu, pour mettre fin à ce point, qu'un chacun de nous, plus pour l'honnêteté et nécessité que pour la gloire et mondanité, s'habillât modestement.

CHAPITRE IX

Des grosses racines et gros mil dont les sauvages font farines qu'ils mangent au lieu de pain : et de leur breuvage qu'ils nomment caouin.

Puisque nous avons entendu, au précédent chapitre, comme nos sauvages sont parés et équipés par le dehors, il me semble, en déduisant les choses par ordre, qu'il ne conviendra pas mal de traiter maintenant tout d'un fil des vivres qui leur sont communs et ordinaires. Sur quoi [il] faut noter en premier lieu, qu'encore qu'ils n'aient, et par conséquent ne sèment ni ne plantent, blés ni vignes en leur pays, que néanmoins, ainsi que je l'ai vu et expérimenté, on ne laisse pas pour cela de s'y bien traiter et d'y faire bonne chère sans pain ni vin.

Ayant donc nos Américains en leur pays, deux espèces de racines qu'ils nomment *aypi* et *maniot*[11], lesquelles en trois ou quatre mois, croissent dans terre aussi grosses que la cuisse d'un homme, et longues de pied et demi, plus ou moins : quand elles sont arrachées, les femmes (car les hommes ne s'y occupent point), après les avoir fait sécher au feu sur le boucan, tel que je le décrirai ailleurs, ou bien quelquefois les prenant toutes vertes, à force de les râper sur certaines petites pierres pointues, fichées et arrangées sur une pièce de bois plate (tout ainsi que nous raclons et ratissons les fromages et noix muscades), elles les réduisent en farine laquelle est aussi blanche que neige. Et lors cette farine ainsi crue, comme aussi le suc blanc qui en sort, dont je parlerai tantôt, a la vraie senteur de l'amidon, fait de pur froment longtemps trempé en l'eau quand il est encore frais et liquide, tellement que depuis mon retour par-deçà, m'étant trouvé en un lieu où on en faisait, ce flair me fit ressouvenir de l'odeur qu'on sent ordinairement dans les maisons des sauvages, quand on y fait de la farine de racine.

Après cela et pour l'apprêter, ces femmes brésiliennes, ayant de grandes et fort larges poêles de terre, contenant chacune plus d'un boisseau, qu'elles font elles-mêmes assez proprement pour cet usage, les mettant sur le feu, et quantité de cette farine dedans : pendant qu'elle cuit elles ne cessent de la remuer avec des courges mi-parties, desquelles elles se servent ainsi que nous faisons d'écuelles. Cette farine cuisant de cette façon, se forme comme petite grelace [12] ou dragée d'apothicaire.

Or elles en font de deux sortes : à savoir de fort cuite et dure, que les sauvages appellent *ouy-entan*, de laquelle, parce qu'elle se garde mieux, ils portent quand ils vont en guerre ; et d'autre moins cuite et plus tendre qu'ils nomment *ouy-pou*, laquelle est d'autant meilleure que la première, que quand elle est fraîche vous diriez en la mettant en la bouche et en la mangeant que c'est du mollet de pain blanc tout chaud ; l'une et l'autre en cuisant changent aussi ce premier goût que j'ai dit, en un plus plaisant et suave.

Au surplus, combien que ces farines, nommément quand elles sont fraîches, soient de fort bon goût, de bonne nourriture et de facile digestion, tant y a néanmoins que, comme je l'ai expérimenté, elles ne sont nullement propres à faire pain. Vrai est qu'on en fait bien de la pâte, laquelle s'enflant comme celle du blé avec le levain est aussi belle et blanche que si c'était fleur de froment ; mais en cuisant, la croûte et tout le dessus se séchant et brûlant, quand se vient à couper ou rompre le pain, vous trouvez que le dedans est tout sec et retourné en farine. Partant je crois que celui qui rapporta premièrement que les Indiens qui habitent à vingt-deux ou vingt-trois degrés par-delà l'équinoxial, qui sont pour certain nos Tupinamba, vivaient de pain fait de bois gratté : entendant parler des racines dont [il] est question, faute d'avoir bien observé ce que j'ai dit, c'était équivoque.

Néanmoins l'une et l'autre farine est bonne à faire de la bouillie, laquelle les sauvages appellent *mingant*, et principalement quand on la détrempe avec quelque bouillon gras : car devenant lors grumeleuse comme du riz, ainsi apprêtée elle est de fort bonne saveur.

Mais quoi que c'en soit, nos Tupinamba, tant hommes, femmes qu'enfants, étant dès leur jeunesse accoutumés de la manger toute sèche au lieu de pain, sont tellement duits et façonnés à cela, que la prenant avec les quatre doigts dans la vaisselle de terre, ou autre vaisseau où ils la tiennent, encore qu'ils la jettent d'assez loin, ils rencontrent néanmoins si droit dans leurs bouches qu'ils n'en épanchent pas un seul brin. Que si entre nous Français, les voulant imiter, la pensions manger de cette façon, n'étant pas comme eux stylés à cela, au lieu de la jeter dans la bouche nous l'épanchions sur les joues et nous enfarinions tout le visage : partant, sinon que ceux principalement qui portaient barbe eussent voulu être accoutrés en joueurs de farces, nous étions contraints de la prendre avec des cuillers.

Davantage il adviendra quelquefois qu'après que ces racines d'*aypi* et de *maniot* (à la façon que je vous ai dit) seront râpées toutes vertes, les femmes faisant de grosses pelotes de la farine fraîche et humide qui en sort, les pressurant et pressant bien fort entre leurs mains, elles en feront sortir du jus presque aussi blanc et clair que lait : lequel elles retenant dans des plats et vaisselle de terre, après qu'elles l'ont mis au soleil, la chaleur duquel le fait prendre et figer comme caillée de fromage, quand on le veut manger, le renversant dans d'autres poêles de terre, et en celles-ci le faisant cuire sur le feu comme nous faisons les omelettes d'œufs, il est fort bon ainsi apprêté.

Au surplus la racine d'*aypi* non seulement est bonne en farine, mais aussi quand toute entière on la fait cuire aux cendres ou devant le feu, s'attendrissant, fendant et rendant lors farineuse comme une châtaigne rôtie à la braise (de laquelle aussi elle a presque le goût) on la peut manger de cette façon. Cependant il n'en prend pas de même de la racine de *maniot*, car n'étant bonne qu'en farine bien cuite, ce serait poison de la manger autrement.

Au reste les plantes ou tiges de toutes les deux, différentes bien peu l'une de l'autre quant à la forme, croissent de la hauteur des petits genévriers, et ont les feuilles assez semblables à l'herbe de *peonia*, ou pivoine en français. Mais ce qui est admirable et digne de grande considération, en ces racines d'*aypi* et de *maniot* de notre terre du Brésil, gît en la multiplication de celles-ci. Car comme ainsi soit que les branches soient presque aussi tendres et aisées à rompre que chènevottes [13], si est-ce néanmoins qu'autant qu'on en peut rompre et ficher le plus avant qu'on peut dans terre, sans autrement les cultiver, autant a-t-on de grosses racines au bout de deux ou trois mois.

Outreplus, les femmes de ce pays-là fichant aussi en terre un bâton pointu, plantent encore en cette sorte de ces deux espèces de gros mil, à savoir blanc et rouge, que vulgairement on appelle en France blé sarrasin (les sauvages le nomment *avati* [14]), duquel semblablement elles font de la farine, laquelle se cuit et mange à la manière que j'ai dit ci-dessus que fait celle de racines. Et crois (contre toutefois ce que j'avais dit en la première édition de cette histoire, où je distinguais deux choses, lesquelles néanmoins quand j'y ai bien pensé ne sont qu'une) que cet *avati* de nos Américains est ce que l'historien des Indes [15] appelle maïs, lequel selon qu'il récite sert aussi de blé aux Indiens du Pérou : car voici la description qu'il en fait.

La canne de maïs, dit-il, croît de la hauteur d'un homme et plus, est assez grosse, et jette ses feuilles comme celles des cannes de marais, l'épi est comme une pomme de pin sauvage, le grain gros, et n'est ni rond ni carré, ni si long que notre grain : il se mûrit en trois ou quatre mois, voire aux pays arrosés de ruisseaux en un mois et demi. Pour un grain il en rend 100, 200, 300, 400, 500, et s'en est trouvé qui a multiplié jusqu'à 600 : [ce] qui démontre aussi la fertilité de cette terre possédée des Espagnols. Comme aussi un autre [16] a écrit qu'en quelques endroits de l'Inde orientale le terroir est si bon, qu'au rapport de ceux qui l'ont vu, le froment, l'orge et le millet y passent quinze coudées de hauteur. Ce que dessus est en somme tout ce de quoi j'ai vu user ordinairement, pour toutes sortes de pains au pays des sauvages en la terre du Brésil dite Amérique.

Cependant les Espagnols et Portugais, à présent habitués en plusieurs endroits de ces Indes occidentales, ayant maintenant force blés et force vins que cette terre du Brésil leur produit, ont fait preuve que ce n'est pas pour le défaut du terroir que les sauvages n'en ont point. Comme aussi nous autres Français, à notre voyage y ayant porté des blés en grains, et des ceps de vignes, j'ai vu par l'expérience, si les champs étaient cultivés et labourés comme ils sont pardeçà, que l'un et l'autre y viendrait bien. Et de fait, la vigne que nous plantâmes ayant très bien repris, et jeté de fort beau bois et de belles feuilles, faisait grande démonstration de la bonté et fertilité du pays. Vrai est que pour l'égard du fruit durant environ un an que nous fûmes là, elle ne produisit que des aigrets, lesquels encore au lieu de mûrir s'endurcirent et demeurèrent secs : mais comme j'ai su de naguère de certains bons vignerons, cela étant ordinaire que les nouveaux plants, ès premières et secondes années, ne rapportent sinon des lambruches [17] et vérins [18], dont on ne fait pas grand cas : j'ai opinion que si les Français et autres qui demeurèrent en ce pays-là après nous, continuèrent à façonner cette vigne, qu'ès ans suivants ils en eurent de beaux et bons raisins.

Quant au froment et au seigle que nous y semâmes, voici le défaut qui y fut : c'est que combien qu'ils vinssent beaux en herbes, et même parvinssent jusqu'à l'épi, néanmoins le grain ne s'y forma point. Mais d'autant que l'orge y graina et vint à juste maturité, voire multiplia grandement, il est vraisemblable que cette terre étant trop grasse pressait et avançait tellement le froment et le seigle (lesquels comme nous voyons par-deçà avant que produire leurs fruits veulent demeurer plus longtemps en terre que l'orge) qu'étant trop tôt montés (comme ils furent incontinent), ils n'eurent pas le temps pour fleurir et former leurs grains. Partant au lieu que pour rendre les champs plus fertiles et meilleurs, en notre France on les fume et engraisse : au contraire, j'ai opinion, pour faire que cette terre neuve rapportât mieux le froment et semblables semences, qu'en la labourant souvent il la faudrait lasser et dégraisser par quelques années.

Et certes comme le pays de nos Tupinamba est capable de nourrir dix fois plus de peuple qu'il n'y en a, tellement que moi y étant me pouvais vanter d'avoir à mon commandement plus de mille arpents de terre, meilleurs qu'il n'y en ait en toute la Beauce : qui doute si les Français y fussent demeurés (ce qu'ils eussent fait, et y en aurait maintenant plus de dix mille si Villegagnon ne se fût révolté de la religion réformée), qu'ils n'en eussent reçu et tiré le même profit que font maintenant les Portugais qui y sont si bien accommodés ? Cela soit dit en passant, pour satisfaire à ceux qui voudraient demander si le blé et le vin étant semés, cultivés et plantés en la terre du Brésil, n'y pourraient pas bien venir.

Or en reprenant mon propos, afin que je distingue mieux les matières que j'ai entrepris de traiter, avant encore que je parle des chairs, poissons, fruits et autres viandes du tout dissemblables de celles de notre Europe, de quoi nos sauvages se nourrissent, il faut que je dise quel est leur breuvage, et la façon comme il se fait.

Sur quoi [il] faut aussi noter en premier lieu que, comme vous avez entendu ci-dessus, que les hommes d'entre eux ne se mêlent nullement de faire la farine, mais en laissent toute la charge à leurs femmes, qu'aussi font-ils le semblable, voire sont encore beaucoup plus scrupuleux, pour ne s'entremettre de faire leur breuvage. Partant outre que ces racines d'*aypi* et de *maniot*, accommodées de la façon que j'ai tantôt dit, leur servent de principale nourriture : voici encore comme elles en usent pour faire leur breuvage ordinaire.

Après donc qu'elles ont découpé aussi menues qu'on fait par-deçà les raves à mettre au pot, les faisant ainsi bouillir par morceaux, avec de l'eau dans de grands vaisseaux de terre, quand elles les voient tendres et amollies, les ôtant de dessus le feu, elles les laissent un peu refroidir. Cela fait, plusieurs d'entre elles étant accroupies à l'entour de ces grands vaisseaux, prenant dans ceux-ci ces rouelles de racines ainsi mollifiées, après que sans les avaler elles les auront bien mâchées et tortillées parmi leurs bouches, reprenant chaque morceau l'un après l'autre, avec la main, elles les remettent dans d'autres vaisseaux de terre qui sont tous prêts sur le feu, dans lesquels elles les font bouillir derechef. Ainsi remuant toujours ce tripotage avec un bâton jusqu'à ce qu'elles connaissent qu'il soit assez cuit, l'ôtant pour la seconde fois de dessus le feu, sans le couler ni passer, mais le tout ensemble le versant dans d'autres plus grandes cannes de terre, contenant chacune environ une feuillette de vin de Bourgogne ; après qu'il a un peu écumé et cuvé, couvrant ces vaisseaux elles y laissent ce breuvage, jusqu'à ce qu'on le veuille boire, en la manière que je dirai tantôt. Et afin de mieux exprimer le tout, ces derniers grands vases dont je viens de faire mention sont faits presque de la façon des grands cuviers de terre, dans lesquels, comme j'ai vu, on fait la lessive en quelques endroits de Bourbonnais et d'Auvergne : excepté toutefois qu'ils sont plus étroits par la bouche et par le haut.

Or nos Américaines, faisant semblablement bouillir, et mâchant aussi puis après dans leur bouche de ce gros mil, nommé *avati* en leur langage, en font encore du breuvage de la même sorte que vous avez entendu qu'elles font celui des racines sus-mentionnées. Je répète nommément que ce sont les femmes qui font ce métier : car combien que je n'ai point vu faire de distinction des filles d'avec celles qui sont mariées (comme quelqu'un a écrit), tant y a néanmoins qu'outre que les hommes ont cette ferme opinion, que s'ils mâchaient tant les racines que le mil pour faire ce breuvage, qu'il ne serait pas bon ; encore réputeraient-ils aussi indécent à leur sexe de s'en mêler, qu'à bon droit, ce me semble, on trouve étrange de voir ces grands débraillés paysans de Bresse et d'autres lieux par-deçà prendre des quenouilles pour filer. Les sauvages appellent ce breuvage *caouin*, lequel étant trouble et épais comme lie, a presque goût de lait aigre : et en ont de rouge et de blanc comme nous avons du vin.

Au surplus tout ainsi que ces racines et ce gros mil, dont j'ai parlé, croissent en tout temps en leur pays, aussi, quand il leur plaît, font-ils en toutes saisons faire de ce breuvage : voire quelquefois en telle quantité que j'en ai vu pour un coup plus de trente de ces grands vaisseaux (lesquels je vous ai dit tenir chacun plus de soixante pintes de Paris) pleins et arrangés en long au milieu de leurs maisons, où ils sont toujours couverts jusqu'à ce qu'il faille caouiner.

Mais avant que d'en venir là, je prie (sans toutefois que j'approuve le vice) que, par manière de préface, il me soit permis de dire : « Arrière Allemands, Flamands, Lansquenets, Suisses, et tous qui faites carrousse [19] et profession de boire par-deçà : car comme vous-mêmes, après avoir entendu comment nos Américains s'en acquittent, confesserez que vous n'y entendez rien au prix d'eux, aussi faut-il que vous leur cédiez en cet endroit. »

Quand donc ils se mettent après, et principalement quant avec les cérémonies que nous verrons ailleurs, ils tuent solennellement un prisonnier de guerre pour le manger : leur coutume (du tout contraire à la notre en matière de vin, lequel nous aimons frais et clair) étant de boire ce *caouin* un peu chaud, la première chose que les femmes font est un petit feu à l'entour des cannes de terre, où il est pour le tiédir. Cela fait, commençant à l'un des bouts à découvrir le premier vaisseau, et à remuer et troubler ce breuvage, puisant puis après dedans avec de grandes courges parties en deux, dont les unes tiennent environ trois chopines de Paris, ainsi que les hommes en dansant passent les uns après les autres auprès d'elles, leur présentant et baillant à chacun en la main une de ces grandes gobelles toutes pleines, et elles-mêmes en servant de sommeliers, n'oubliant pas de chopiner d'autant : tant les uns que les autres ne faillent point de boire et trousser cela tout d'une traite. Mais savez-vous combien de fois ? Ce sera jusqu'à tant que les vaisseaux, et y en eût-il une centaine, seront tous vides, et qu'il n'y restera plus une seule goutte de *caouin* dedans. Et de fait je les ai vus, non seulement trois jours et trois nuits sans cesser de boire, mais aussi après qu'ils étaient si saouls et si ivres qu'ils n'en pouvaient plus (d'autant que quitter le jeu eût été pour être réputé efféminé, et plus que *schelm*[20] entre les Allemands) quand ils avaient rendu leur gorge, c'était à recommencer plus belle que devant.

Et ce qui est encore plus étrange et à remarquer entre nos Tupinamba est que, comme ils ne mangent nullement durant leurs beuveries, aussi quand ils mangent ils ne boivent point parmi leur repas : tellement que nous voyant entremêler l'un parmi l'autre, ils trouvaient notre façon fort étrange. Que si on dit là-dessus « Ils font donc comme les chevaux ? » la réponse à cela d'un quidam joyeux de notre compagnie était que, pour le moins, outre qu'il ne les faut point brider ni mener à la rivière pour boire, encore sont-ils hors des dangers de rompre leurs croupières.

Cependant il faut noter qu'encore qu'ils n'observent pas les heures pour dîner, souper, ou collationner, comme on fait en ces pays par-deçà, même qu'ils ne fassent point de difficulté, s'ils ont faim, de manger aussi tôt à minuit qu'à midi : néanmoins ne mangeant jamais qu'ils n'aient appétit, on peut dire qu'ils sont aussi sobres en leur manger qu'excessifs en leur boire. Comme aussi quelques-uns ont cette honnête coutume de se laver les mains et la bouche avant et après le repas : ce que toutefois je crois qu'ils font pour l'égard de la bouche, parce qu'autrement ils l'auraient toujours pâteuse de farines faites de racines et de mil, desquelles j'ai dit qu'ils usent ordinairement au lieu de pain. Davantage parce que quand ils mangent ils font un merveilleux silence, tellement que s'ils ont quelque chose à dire, ils le réservent jusqu'à ce qu'ils aient achevé, quand, suivant la coutume des Français, ils nous entendaient jaser et caqueter en prenant nos repas, ils s'en savaient bien moquer.

Ainsi, pour continuer mon propos, tant que ce caouinage dure, nos friponniers et galebontemps d'Américains, pour s'échauffer tant plus la cervelle, chantant, sifflant, s'encourageant et exhortant l'un l'autre de se porter vaillamment et de prendre force prisonniers quand ils iront en guerre, étant arrangés comme grues, ne cessent en cette sorte de danser et aller et venir parmi la maison où ils sont assemblés, jusqu'à ce que ce soit fait : c'est-à-dire, ainsi que j'ai déjà touché, qu'ils ne sortiront jamais de là, tant qu'ils sentiront qu'il y aura quelque chose dans les vaisseaux. Et certainement pour mieux vérifier ce que j'ai dit, qu'ils sont les premiers et superlatifs en matière d'ivrognerie, je crois qu'il y en a tel qui à sa part, en une seule assemblée, avale plus de vingt pots de *caouin*. Mais surtout, quant à la manière que je les ai dépeints au chapitre précédent, ils sont emplumassés, et qu'en cet équipage ils tuent et mangent un prisonnier de guerre, faisant ainsi les bacchanales à la façon des anciens païens, saouls semblablement qu'ils sont comme prêtres : c'est lors qu'il les fait bon voir rouler les yeux en la tête. Il advient bien néanmoins que quelquefois voisins avec voisins, étant assis dans leurs lits de coton pendus en l'air, boiront d'une façon plus modeste : mais leur coutume étant telle que tous les hommes d'un village ou de plusieurs s'assemblent ordinairement pour boire (ce qu'ils ne font pas pour manger), ces buvettes particulières se font peu souvent entre eux.

Semblablement aussi, soit qu'ils boivent peu ou prou, outre ce que j'ai dit, qu'eux n'engendrant jamais mélancolie, ont cette coutume de s'assembler tous les jours pour danser et s'éjouir en leurs villages, encore les jeunes hommes à marier ont cela de particulier, qu'avec chacun un de ces grands pennaches qu'ils nomment *araroye*, lié sur leurs reins, et quelquefois le *maraca* en la main, et les fruits secs (desquels j'ai parlé ci-dessus) sonnant comme coquilles d'escargots, liés et arrangés à l'entour de leurs jambes, ils ne font presque autre chose toutes les nuits qu'en tel équipage aller et venir, sautant et dansant de maison en maison : tellement que les voyant et oyant si souvent faire par-deçà on appelle valets de la fête, lesquels dans le temps de leurs vogues et fêtes qu'ils font des saints et patrons de chacune paroisse, s'en vont aussi en habits de fous, avec des marottes au poing, et des sonnettes aux jambes, baguenaudant et dansant la morisque parmi les maisons et les places.

Mais il faut noter en cet endroit qu'en toutes les danses de nos sauvages, soit qu'ils se suivent l'un l'autre, ou, comme je dirais, parlant de leur religion, qu'ils soient disposés en rond, que les femmes ni les filles, n'étant jamais mêlées parmi les hommes, si elles veulent danser, cela se fera à part elles.

Au reste, avant que finir ce propos de la façon de boire de nos Américains, sur lequel je suis à présent, afin que chacun sache comme s'ils avaient du vin à souhait, ils hausseraient gaillardement le gobelet : je raconterai ici une plaisante histoire, et toutefois tragique, laquelle un *moussacat*, c'est-à-dire, bon père de famille qui donne à manger aux passants, me récita un jour en son village.

« Nous surprîmes une fois, dit-il en son langage, une caravelle de *Peros*, c'est-à-dire [de] Portugais (lesquels comme j'ai touché ailleurs, sont ennemis mortels et irréconciliables de nos Tupinamba), de laquelle après que nous eûmes assommé et mangé tous les hommes qui étaient dedans, ainsi que nous prenions leurs marchandises, trouvant parmi celles-ci de grands *caramemos* de bois (ainsi nomment-ils les tonneaux et autres vaisseaux) pleins de breuvage, les dressant et défonçant par le bout, nous voulûmes tester quel il était. Toutefois, me disait ce vieillard sauvage, je ne sais de quelle sorte de *caouin* ils étaient remplis, et si vous en avez de tel en ton pays : mais bien te dirai-je qu'après que nous en eûmes bu tout notre saoul, nous fûmes deux ou trois jours tellement assommés et endormis, qu'il n'était pas en notre puissance de nous pouvoir réveiller. » Ainsi étant vraisemblable que c'étaient tonneaux pleins de quelques bons vins d'Espagne, desquels ces sauvages, sans y penser, avaient fait la fête de Bacchus, il ne se faut pas ébahir si, après que cela leur eut à bon escient donné sur la corne, notre homme disait qu'ils s'étaient aussi soudainement trouvés pris.

Pour notre égard, du commencement que nous fûmes en ce pays-là, pensant éviter la morsillure, laquelle, comme j'ai naguère touché, ces femmes sauvages font en la composition de leur *caouin*, nous pilâmes des racines d'*aypi* et de *maniot* avec du mil, lesquelles (croyant faire ce breuvage d'une plus honnête façon) nous fîmes bouillir ensemble :

mais, pour en dire la vérité, l'expérience nous montra qu'ainsi fait il n'était pas bon; partant, petit à petit, nous nous accoutumâmes d'en boire de l'autre tel qu'il était. Non pas cependant que nous en bussions ordinairement, car ayant les cannes de sucre à commandement, les faisant et laissant quelques jours infuser dans de l'eau, après qu'à cause des chaleurs ordinaires qui sont là, nous l'avions un peu fait rafraîchir : ainsi sucrée nous la buvions avec grand contentement. Même d'autant que les fontaines et rivières, belles et claires d'eau douce, sont à cause de la température de ce pays-là si bonnes (voire dirais-je sans comparaison plus saines que celles de par-deçà) que quoiqu'on en boive à souhait, elles ne font point de mal : sans y rien mélanger, nous en buvions coutumièrement l'eau toute pure. Et à ce propos les sauvages appellent l'eau douce *uh-ete*, et la salée *uh-een* : qui est une diction laquelle eux prononçant du gosier comme les Hébreux font leurs lettres qu'ils nomment gutturales, nous était la plus fâcheuse à proférer entre tous les mots de leur langage.

Finalement parce que je ne doute point que quelques-uns de ceux qui auront ouï ce que j'ai dit ci-dessus, touchant la mâchure et tortillure, tant des racines que du mil, parmi la bouche des femmes sauvages quand elles composent leur breuvage dit *caouin*, n'aient eu mal au cœur, et en aient craché : afin que je leur ôte aucunement ce dégoût, je les prie de se ressouvenir de la façon qu'on tient quand on fait le vin par-deçà. Car s'ils considèrent seulement ceci, que dans les lieux mêmes où croissent les bons vins, les vignerons, en temps de vendanges, se mettent dans les tines et dans les cuves dans lesquelles à beaux pieds, et quelquefois avec leurs souliers, ils foulent les raisins, voire comme j'ai vu, les patrouillent encore ainsi sur les pressoirs, ils trouveront qu'il s'y passe beaucoup de choses, lesquelles n'ont guère meilleure grâce que cette manière de mâchouiller, accoutumée aux femmes américaines. Que si on dit là-dessus [que], malgré tout, le vin en cuvant et bouillant jette toute cette ordure, je réponds que notre *caouin* se purge aussi, et partant, quant à ce point, qu'il y a même raison de l'un à l'autre.

Chapitre XIV

De la guerre, combats, hardiesse et armes des sauvages.

Bien que nos Tupinamba Tupinikin, suivant la coutume de tous les autres sauvages qui habitent cette quatrième partie du monde, laquelle en latitude, depuis le détroit de Magellan qui demeure par les cinquante degrés tirant au Pôle antarctique, jusqu'aux Terres Neuves, qui sont environ les soixante au-deçà du côté de notre Arctique, contient plus de deux mille lieues, ayant guerre mortelle contre plusieurs nations de ce pays-là : tant y a que leurs plus prochains et capitaux ennemis sont, tant ceux qu'ils nomment Margajas que les Portugais, qu'ils appellent *Peros*, leurs alliés : comme au réciproque les dits Margajas n'en veulent pas seulement aux Tupinamba, mais aussi aux Français leurs confédérés. Non pas, quant à ces barbares, qu'ils se fassent la guerre pour conquérir les pays et terres les uns des autres, car chacun en a plus qu'il ne lui en faut ; [encore] moins que les vainqueurs prétendent de s'enrichir des dépouilles, rançons, et armes des vaincus : ce n'est pas, dis-je, tout cela qui les mène. Car, comme eux-mêmes confessent, n'étant poussés d'autre affection que de venger, chacun de son côté, ses parents et amis, lesquels par le passé ont été pris et mangés, à la façon que je dirai au chapitre suivant, ils sont tellement acharnés les uns à l'encontre des autres que quiconque tombe en la main de son ennemi, il faut que sans autre composition il s'attende d'être traité de même : c'est-à-dire assommé et mangé. Davantage, sitôt que la guerre est une fois déclarée entre quelques-unes de ces nations, tous alléguant qu'attendu que l'ennemi qui a reçu l'injure s'en ressentira à jamais, c'est trop lâchement fait de le laisser échapper quand on le tient à sa merci : leurs haines sont tellement invétérées qu'ils demeurent perpétuellement irréconciliables. Sur quoi on peut dire que Machiavel et ses disciples (desquels la France à son grand malheur est maintenant remplie) sont vrais imitateurs des cruautés barbaresques : car puisque, contre la doctrine chrétienne, ces athéistes enseignent, et pratiquent aussi, que les nouveaux services ne doivent jamais faire oublier les vieilles injures, c'est-à-dire que les hommes, tenant du naturel du diable, ne doivent point pardonner les uns aux autres, ne montrent-ils pas bien que leurs cœurs sont plus félons et malins que ceux des tigres mêmes ?

Or, selon que j'ai vu, la manière que nos Tupinikin tiennent pour s'assembler afin d'aller en guerre est telle : c'est, bien qu'ils n'aient entre eux rois ni princes, et par conséquent qu'ils soient presque aussi grands seigneurs les uns que les autres, néanmoins nature leur ayant appris (ce qui était aussi exactement observé entre les Lacédémoniens) que les vieillards qui sont par eux appelés *peorerou-picheh*, à cause de l'expérience du passé, doivent être respectés, étant en chaque village assez bien obéis, quand l'occasion se présente, eux se promenant ou étant assis dans leurs lits de coton pendus en l'air, exhortant les autres de telle ou semblable façon.

Et comment, diront-ils parlant l'un après l'autre, sans s'interrompre d'un seul mot, nos prédécesseurs, lesquels non seulement ont si vaillamment combattu, mais aussi vaillamment subjugué, tué et mangé tant d'ennemis, nous ont-ils laissé exemple que comme efféminés et lâches de cœur nous demeurions toujours à la maison ? Faudra-t-il qu'à notre grande honte et confusion, au lieu que par le passé notre nation a été tellement crainte et redoutée de toutes les autres qu'elles n'ont pu subsister devant elle, nos ennemis aient maintenant l'honneur de nous venir chercher jusqu'au foyer ? Notre couardise donnera-t-elle occasion aux Margajas et aux *Peros-engaipa,* c'est-à-dire, à ces deux nations alliées qui ne valent rien, de se ruer les premiers sur nous ? Puis celui qui tient tel propos, claquant des mains sur ses épaules et sur ses fesses, avec exclamation ajoutera : *erima, erima, Tupinamba, conomi oussou, tan tan,* etc. C'est-à-dire : « Non, non, gens de ma nation, puissants et très forts jeunes hommes, ce n'est pas ainsi qu'il nous faut faire : plutôt, nous disposons de les aller trouver, faut-il que nous nous fassions tous tuer et manger, ou que nous ayons vengeance des nôtres. »

Tellement qu'après que ces harangues des vieillards (lesquelles durent quelquefois plus de six heures) sont finies, chacun des auditeurs, qui en écoutant attentivement n'en aura pas perdu un mot, se sentant encouragé et avoir (comme on dit) le cœur au ventre, en s'avertissant de village en village, ne manqueront point de s'assembler en diligence, et de se trouver en grand nombre au lieu qui leur sera assigné. Mais, avant que faire marcher nos Tupinamba en bataille, il faut savoir quelles sont leurs armes.

Ils ont premièrement leurs *tacapes*, c'est-à-dire épées ou massues, faites les unes de bois rouge et les autres de bois noir, ordinairement longues de cinq à six pieds : et quant à leur façon, elles ont un rond ou ovale au bout d'environ deux palmes de main de largeur, lequel, épais qu'il est de plus d'un pouce par le milieu, est si bien menuisé par les bords que cela (étant de bois dur et pesant comme buis), tranchant presque comme une cognée, j'ai opinion que deux des plus accorts spadassins de par-deçà se trouveraient bien empêchés d'avoir affaire à un de nos Tupinamba, étant en furie, s'il en avait une au poing.

Secondement ils ont leurs arcs, qu'ils nomment *orapats,* faits des susdits bois noir et rouge, lesquels sont tellement plus longs et plus forts que ceux que nous avons par-deçà que tant s'en faut qu'un homme d'entre nous le peut enfoncer, [encore] moins en tirer, qu'au contraire ce serait tout ce qu'il pourrait faire d'un de ceux des garçons de neuf ou dix ans de ce pays-là. Les cordes de ces arcs sont faites d'une herbe que les sauvages appellent *tocon* : lesquelles, bien qu'elles soient fort déliées, sont néanmoins si fortes qu'un cheval y tirerait. Quant à leurs flèches, elles ont environ une brasse de longueur, et sont faites de trois pièces : à savoir le milieu de roseau, et les deux autres parties de bois noir ; et sont ces pièces si bien rapportées, jointes et liées avec de petites pelures d'arbres, qu'il n'est pas possible de les mieux agencer. Au reste, elles n'ont que deux empennons, chacun d'un pied de long, lesquels (parce qu'ils n'usent point de colle) sont aussi fort proprement liés et accommodés avec du fil de coton. Au bout de celles-ci, ils mettent aux unes des os pointus, aux autres la longueur de demi-pied de bois de cannes sèches et dures, faites en façon de lancette, et piquant de même : et quelquefois le bout d'une queue de raie, laquelle (comme j'ai dit quelque part) est fort venimeuse ; même, depuis que les Français et Portugais ont fréquenté ce pays-là, les sauvages à leur imitation commencent d'y mettre, sinon un fer de flèches, pour le moins au défaut de celui-ci une pointe de clou.

J'ai déjà dit comment ils manient dextrement leurs épées : mais quant à l'arc, ceux qui les ont vus en besogne diront avec moi que, sans aucuns brassards, mais tous nus qu'ils sont, ils les enfoncent, et tirent si droit et si soudain que, n'en déplaise aux Anglais (estimés néanmoins si bons archers), nos sauvages, tenant leurs trousseaux de flèches en la main de quoi ils tiennent l'arc, en auront plutôt envoyé une douzaine qu'eux n'en auront décoché six.

Finalement ils ont leurs rondelles, faites du dos et du plus épais cuir sec de cet animal qu'ils nomment *tapir-oussou* [...], et sont de façon larges, plates et rondes comme le fond d'un tambourin d'Allemand. Vrai est que quand ils [en] viennent aux mains, ils ne s'en couvrent pas comme font nos soldats par-deçà des leurs : mais seulement leur servent pour, en combattant, soutenir les coups de flèches de leurs ennemis. C'est en somme ce que nos Américains ont pour toutes armes : car au demeurant, tant s'en faut qu'ils se couvrent le corps de chose quelle qu'elle soit, qu'au contraire (hormis les bonnets, bracelets et courts habillements de plumes, de quoi j'ai dit qu'ils se parent le corps) s'ils avaient seulement vêtu une chemise quand ils vont au combat, estimant que cela les empêcherait de se bien manier, ils la dépouilleraient.

Et afin que je parachève ce que j'ai à dire sur ce propos, si nous leur baillions des épées tranchantes (comme je fis présent d'une des miennes à un bon vieillard), incontinent qu'ils les avaient, jetant les fourreaux, comme ils font aussi les gaines des couteaux qu'on leur baille, ils prennent plus de plaisir à les voir reluire du commencement, ou d'en couper des branches de bois, qu'ils ne les estimaient propres pour combattre. Et à la vérité aussi, selon que j'ai dit qu'ils savent tant bien manier les leurs, elles sont plus dangereuses entre leurs mains.

Au surplus nous autres, ayant aussi porté par-delà quelque nombre d'arquebuses de léger prix, pour trafiquer avec ces sauvages, j'en ai vu qui s'en savaient si bien aider, qu'étant trois à en tirer une, l'un la tenait, l'autre prenait visée, et l'autre mettait le feu : et au reste, parce qu'ils chargeaient et remplissaient le canon jusqu'au bout, n'eût été qu'au lieu de poudre fine, nous leur baillions moitié de charbon broyé, il est certain qu'en danger de se tuer, tout fût crevé entre leurs mains. À quoi j'ajoute qu'encore que du commencement, qu'ils entendaient les sons de notre artillerie, et les coups d'arquebuses que nous tirions, ils s'en étonnassent aucunement : même voyant souvent qu'aucuns de nous, en leur présence, abattaient un oiseau de dessus un arbre, ou une bête sauvage au milieu des champs, par ce principalement qu'ils ne voyaient pas sortir ni en aller la balle, cela les ébahit bien fort, tant y a néanmoins, qu'ayant connu l'artifice, et disant (comme il est vrai) qu'avec leurs arcs ils auront plutôt délâché cinq ou six flèches qu'on aura chargé et tiré un coup d'arquebuse, ils commençaient de s'assurer à l'encontre. Que si on dit là-dessus : « Voire, mais l'arquebuse fait bien plus grande fauchée », je réponds à cette objection que quelques collets de buffle, voire cotte de maille ou autres armes qu'on puisse avoir (sinon qu'elles fussent à l'épreuve), que nos sauvages, forts et robustes qu'ils sont, tirent si raidement qu'aussi bien transperceront-ils le corps d'un homme d'un coup de flèche, qu'un autre fera d'une arquebusade. Mais parce qu'il eût été plus à propos de toucher ce point quand ci-après je parlerai de leurs combats, afin de ne confondre les matières plus avant, je vais mettre nos Tupinamba en campagne pour marcher contre leurs ennemis.

Étant donc, par le moyen que vous avez entendu, assemblés en nombre quelquefois de huit ou dix mille hommes ; et même que beaucoup de femmes, non pas pour combattre, mais seulement pour porter les lits de coton, farines et autres vivres, se trouvent avec les hommes, après que les vieillards qui par le passé ont le plus tué et mangé d'ennemis ont été créés chefs et conducteurs par les autres, tous sous leur conduite se mettent ainsi en chemin. Et combien qu'en marchant ils ne tiennent ni rang ni ordre, si est-ce toutefois que s'ils vont par terre outre que les plus vaillants font toujours la pointe, et qu'ils marchent tous serrés, encore est-ce une chose presque incroyable de voir une telle multitude laquelle sans maréchal de camp, ni autre qui pour le général ordonne des logis, se sait si bien accommoder, que sans confusion, au premier signal vous les verriez toujours prêts à marcher.

Au surplus, tant au déloger de leur pays qu'au départir de chaque lieu où ils s'arrêtent et séjournent, afin d'avertir et tenir les autres en cervelle, il y en a toujours quelques-uns qui avec des cornets, qu'ils nomment *inubia*, de la grosseur et longueur d'une demie pique, mais par le bout d'embase large d'environ demi-pied comme un hautbois, sonnent au milieu des troupes. Mêmes [d']aucuns ont des fifres et flûtes faites des os des bras et des cuisses de ceux qui auparavant ont été par eux tués et mangés, desquelles semblablement (pour s'inciter tant plus d'en faire autant à ceux contre lesquels ils s'acheminent) ils ne cessent de flageoler par les chemins. Que s'ils se mettent par eau (ce qu'ils font souvent), côtoyant toujours la terre, et ne se jetant guère avant en mer, ils se rangent dans leurs barques qu'ils appellent *ygat*, lesquelles faites chacune d'une seule écorce d'arbre, qu'ils pellent expressément du haut en bas pour cet effet, sont néanmoins si grandes que quarante ou cinquante personnes peuvent tenir dans une de celle-ci. Ainsi voguant tout debout à leur mode, avec un aviron plat par les deux bouts, lequel ils tiennent par le milieu, ces barques (plates qu'elles sont) n'enfonçant pas dans l'eau plus avant que ferait un ais [21], sont fort aisées à conduire et à manier. Vrai est qu'elles ne sauraient endurer la mer un peu haute et émue, [encore] moins la tourmente : mais quand, en temps de calme, nos sauvages vont en guerre, vous en verrez quelquefois plus de soixante toutes d'une flotte, lesquelles se suivant près à près vont si vite qu'on les a incontinent perdues de vue. Voilà donc les armes terrestres et navales de nos Tupinikin aux champs et en mer.

Or allant ainsi ordinairement vingt-cinq ou trente lieues loin chercher leurs ennemis, quand ils approchent de leur pays, voici les premières ruses et stratagèmes de guerre dont ils usent pour les attraper. Les plus habiles et plus vaillants, laissant les autres avec les femmes à une journée ou deux en arrière, eux approchant le plus secrètement qu'ils peuvent pour s'embusquer dans les bois, sont si affectionnés à surprendre leurs ennemis qu'ils demeureront ainsi tapis, telle fois sera plus de vingt-quatre heures. Tellement que si les autres sont pris au dépourvu, tout ce qui sera empoigné, soit hommes, femmes ou enfants, non seulement sera emmené, mais aussi quand ils seront de retour en leur pays tous seront assommés, puis mis par pièces sur le boucan, et finalement mangés. Et leur sont telles surprises tant plus aisées à faire qu'outre que les villages (car de villes ils n'en ont point) ne ferment pas, encore n'ont-ils autre porte en leurs maisons (longues cependant pour la plupart de quatre-vingts à cent pas et percées en plusieurs endroits) sinon qu'ils mettent quelques branches de palmier, ou de cette grande herbe nommée *pindo*, au devant de leurs huis. Bien est vrai qu'alentour de quelques villages frontaliers des ennemis les mieux aguerris plantent des peaux de palmier de cinq ou six pieds de haut; et encore sur les avenues des chemins en tournoyant, ils fichent des chevilles pointues à fleur de terre : tellement que si les assaillants pensent entrer de nuit (comme c'est leur coutume), ceux de dedans qui savent les détroits par où ils peuvent aller sans s'offenser, sortant dessus, les rembarrent de telle façon que, soit qu'ils veulent fuir ou combattre, parce qu'ils se piquent bien fort les pieds, il en demeure toujours quelques-uns sur la place, desquels les autres font des carbonades.

Que si au reste les ennemis sont avertis les uns des autres, les deux armées venant à se rencontrer, on ne pourrait croire combien le combat est cruel et terrible : de quoi ayant moi-même été spectateur, je puis parler à la vérité. Car comme un autre Français et moi, en danger si nous eussions été pris ou tués sur-le-champ, d'être mangés des Margajas, fûmes une fois, par curiosité, accompagner nos sauvages lors en nombre d'environ quatre mille hommes, en une escarmouche qui se fit sur le rivage de la mer, nous vîmes ces barbares combattre de telle furie que gens forcenés et hors du sens ne sauraient pis faire.

Premièrement quand nos Tupinamba, d'environ demi-quart de lieue, eurent aperçu leurs ennemis, ils se prirent à hurler de telle façon que non seulement ceux qui vont à la chasse aux loups par-deçà, en comparaison, ne mènent point tant de bruit, mais aussi pour certain, l'air fendant de leurs cris et de leurs voix, quand il eût tonné du ciel, nous ne l'eussions pas entendu. Et au surplus, à mesure qu'ils approchaient, redoublant leurs cris, sonnants de leurs cornets, et en étendant les bras de menaçant et montrant les uns aux autres les os des prisonniers qui avaient été mangés, voire les dents enfilées, dont aucuns avaient plus de deux brasses pendues à leur col, c'était une horreur de voir leurs contenances. Mais au joindre ce fut bien encore le pis : car sitôt qu'ils furent à deux ou trois cents pas près l'un de l'autre, se saluant à grands coups de flèches, dès le commencement de cette escarmouche, vous en eussiez vu une infinité voler en l'air aussi drues que mouches. Que si quelques-uns en étaient atteints, comme furent plusieurs, après qu'avec un merveilleux courage ils les avaient arrachées de leurs corps, les rompant, et comme chiens enragés mordant les pièces à belles dents, ils ne laissaient pas pour cela de retourner tous navrés [22] au combat. Sur quoi il faut noter que ces Américains sont si acharnés en leurs guerres que tant qu'ils peuvent remuer bras et jambes, sans reculer ni tourner le dos, ils combattent incessamment. Finalement, quand ils furent mêlés, ce fut avec leurs épées et massues de bois, à grands coups et à deux mains, à se charger de telle façon que, qui rencontrait sur la tête de son ennemi, il ne l'envoyait pas seulement par terre, mais l'assommait, comme font les bouchers les bœufs par-deçà.

Je ne touche point s'ils étaient bien ou mal montés, car présupposant par ce que j'ai dit ci-dessus que chacun se ressouviendra qu'ils n'ont chevaux ni autres montures en leurs pays, tous étaient et vont toujours à beau pied sans lance. Partant, bien que pour mon égard, pendant que j'ai été par-delà, j'ai souvent désiré que nos sauvages vissent des chevaux, encore lors plus qu'auparavant souhaitai-je d'en avoir un bon entre les jambes. Et de fait, je crois que s'ils voyaient un de nos gendarmes bien monté et armé avec la pistole au poing, faisant bondir et passader [23] son cheval, qu'en voyant sortir le feu d'un côté, et la furie de l'homme et du cheval de l'autre, ils penseraient de prime face que ce fût Aygnan, c'est-à-dire le diable en leur langage [24]. Toutefois à ce propos quelqu'un a écrit une chose notable : c'est que bien qu'Atahualpa, ce grand roi du Pérou, qui de notre temps fut subjugué par François Pizarre [25], n'eût jamais vu de chevaux auparavant, tant y a quoi que le capitaine espagnol qui [le] premier l'alla trouver, fit par gentillesse et pour donner ébahissement aux Indiens toujours voltiger le sien jusqu'à ce qu'il fût près la personne d'Atahualpa : il fut si assuré que, encore qu'il sautât un peu d'écume du cheval sur son visage, il ne montra aucun signe de changement; mais fit commandement de tuer ceux qui s'étaient enfuis devant le cheval : chose (dit l'historien) qui fit étonner les siens et émerveiller les nôtres. Ainsi, pour reprendre mon propos, si vous demandez maintenant : « Et toi et ton compagnon, que faisiez-vous durant cette escarmouche? Ne combattiez-vous pas avec les sauvages? », je réponds, pour n'en rien déguiser, qu'en nous contentant d'avoir fait cette première folie de nous être ainsi hasardés avec ces barbares, que nous tenant à l'arrière-garde, nous avions seulement le passe-temps à juger des coups. Sur quoi cependant je dirai qu'encore que j'aie souvent vu de la gendarmerie, tant à pied que de cheval, en ces pays par-deçà, que néanmoins je n'ai jamais eu tant de contentement en mon esprit, de voir les compagnies de gens de pied avec leurs morions [26] dorés et armes luisantes, que j'eus lors de plaisir à voir combattre ces sauvages. Car outre le passe-temps qu'il y avait de les voir sauter, siffler et si dextrement et diligemment manier en rond et en passade, encore faisait-il merveilleusement bon voir non seulement tant de flèches, avec leurs grands empennons de plumes rouges, bleues, vertes, incarnates et d'autres couleurs, voler en l'air parmi les rayons du soleil qui les faisait étinceler, mais aussi tant de robes, bonnets, bracelets et autres bagages faits aussi de ces plumes naturelles et naïves, dont les sauvages étaient vêtus.

Or après que cette escarmouche eut duré environ trois heures, et que d'une part et d'autre il y en eut beaucoup de blessés et de demeurés sur la place, nos Tupinamba, ayant finalement eu la victoire, prirent plus de trente hommes et femmes margajas prisonniers, lesquels ils emmenèrent en leur pays. Partant encore que nous deux Français n'eussions fait autre chose sinon (comme j'ai dit) qu'en tenant nos épées nues en la main, et tirant quelques coups de pistoles en l'air pour donner courage à nos gens, si est-ce toutefois que ne leur pouvant faire plus grand plaisir que d'aller à la guerre avec eux, qu'ils ne laissaient pas de tellement nous estimer pour cela, que du depuis les vieillards des villages où nous fréquentions nous en ont toujours mieux aimés.

Les prisonniers donc que mis au milieu et près de ceux qui les avaient pris, voire aucuns hommes des plus forts et robustes, pour s'en mieux assurer, liés et garrottés, nous nous en retournâmes contre notre rivière de Genèvre, aux environs de laquelle habitaient nos sauvages. Mais encore, parce que nous en étions à douze ou quinze lieues loin, ne demandez pas si en passant par les villages de nos alliés, venant au-devant de nous, dansant, sautant et claquant des mains ils nous caressaient et applaudissaient. Pour conclusion, quand nous fûmes arrivés à l'endroit de notre île, mon compagnon et moi nous fîmes passer dans une barque en notre fort, et les sauvages s'en allèrent en terre ferme chacun en son village.

Cependant quelques jours après qu'aucuns de nos Tupinamba, qui avaient de ces prisonniers en leurs maisons, nous vinrent voir en notre fort, priés et sollicités qu'ils furent par les truchements que nous avions d'en vendre à

Villegagnon, il y en eut une partie qui fut par nous sauvés d'entre leurs mains. Toutefois, ainsi que je connus en achetant une femme et un sien petit garçon qui n'avait pas deux ans, lesquels me coûtèrent pour environ trois francs de marchandises, c'était assez malgré eux : car, disait celui qui me les vendit, je ne sais dorénavant que s'en sera : car depuis que *Paycolas* (entendant [par là] Villegagnon) est venu par-deçà, nous ne mangeons pas la moitié de nos ennemis. Je pensais bien garder le petit garçon pour moi, mais outre que Villegagnon, en me faisant rendre ma marchandise, voulut tout avoir pour lui, encore y avait-il que quand je disais à la mère, que lors que je repasserais la mer je l'amènerais par-deçà : elle répondait (tant cette nation a la vengeance enracinée dans son cœur) qu'à cause de l'espérance qu'elle avait qu'étant devenu grand il pourrait échapper, et se retirer avec les Margajas pour les venger, qu'elle eût mieux aimé qu'il eût été mangé des Tupinamba que de l'éloigner si loin d'elle. Néanmoins (comme j'ai dit ailleurs), environ quatre mois après que nous fûmes arrivés en ce pays-là, d'entre quarante ou cinquante esclaves qui travaillaient en notre fort (que nous avions aussi achetés des sauvages nos alliés) nous choisîmes dix jeunes garçons, lesquels (dans les navires qui revinrent) nous envoyâmes en France au roi Henri second lors régnant.

Chapitre XV

Comment les Américains traitent leurs prisonniers pris en guerre, et les cérémonies qu'ils observent tant à les tuer qu'à les manger.

Il reste maintenant de savoir comme les prisonniers pris en guerre sont traités au pays de leurs ennemis. Incontinent donc qu'ils y sont arrivés, ils sont non seulement nourris des meilleures viandes qu'on peut trouver, mais aussi on baille des femmes aux hommes (et non des maris aux femmes) ; [et] même, celui qui aura un prisonnier ne faisant point difficulté de lui bailler sa fille ou sa sœur en mariage, celle qu'il retiendra, en le bien traitant, lui administrera toutes ses nécessités. Et au surplus, bien que sans aucun terme préfixé, mais selon qu'ils connaîtront les hommes bons chasseurs, ou bons pêcheurs, et les femmes propres à faire les jardins, ou à aller quérir des huîtres, ils les gardent plus ou moins de temps, tant y a néanmoins qu'après les avoir engraissés, comme pourceaux en l'auge, ils sont finalement assommés et mangés avec les cérémonies suivantes.

Premièrement après que tous les villages alentour de celui où sera le prisonnier auront été avertis du jour de l'exécution, hommes, femmes et enfants y étant arrivés de toutes parts, ce sera à danser, boire et caouiner toute la matinée. Même celui qui n'ignore pas que telle assemblée se faisant à son occasion, il doit être dans peu d'heures assommé, emplumassé qu'il sera, tant s'en faut qu'il en soit contristé, qu'au contraire, sautant et buvant, il sera des plus joyeux. Or cependant après qu'avec les autres il aura ainsi riblé [27] et chanté six ou sept heures durant : deux ou trois des plus estimés de la troupe l'empoignant, et par le milieu du corps le liant avec des cordes de coton, ou autres faites de l'écorce d'un arbre qu'ils appellent *yvire*, laquelle est semblable à celle du til [28] de par-deçà, sans qu'il fasse aucune résistance, bien qu'on lui laisse les deux bras à délivre, il sera ainsi quelque peu de temps promené en trophée parmi le village. Mais pensez-vous que encore pour cela (ainsi que feraient les criminels par-deçà) il en baisse la tête ? Rien moins : car au contraire, avec une audace et assurance incroyable, se vantant de ses prouesses passées, il dira à ceux qui le tiennent lié : « J'ai moi-même, vaillant que je suis, premièrement ainsi lié et garrotté vos parents » ; puis s'exaltant toujours de plus en plus, avec la contenance de même, se tournant de côté et d'autre, il dira à l'un « J'ai mangé de ton père », à l'autre « J'ai assommé et boucané tes frères. Bref, ajouterait-il, j'ai en général tant mangé d'hommes et de femmes, voire des enfants de vous autres Tupinamba, lesquels j'ai pris en guerre, que je n'en saurais dire le nombre : et au reste, ne doutez pas que pour venger ma mort, les Margajas, de la nation dont je suis, n'en mangent encore ci-après autant qu'ils en pourront attraper. »

Finalement, après qu'il aura ainsi été exposé à la vue d'un chacun, les deux sauvages qui le tiennent lié s'éloignant de lui, l'un à dextre et l'autre à senestre d'environ trois brasses, tenant bien néanmoins chacun le bout de sa corde, laquelle est de même longueur, tirent lors si fermement que le prisonnier, saisi comme j'ai dit par le milieu du corps, étant arrêté tout court, ne peut aller ne venir de côté ni d'autre : là-dessus on lui apporte des pierres et des tessons de vieux pots cassés, ou de tous les deux ensemble : puis des deux qui tiennent les cordes, de peur d'être blessés se couvrant chacun d'une de ces rondelles faites de la peau du *tapir-oussou* [...], lui disent : « Venge-toi avant que mourir » ; tellement que jetant et ruant fort et ferme contre ceux qui sont là à l'entour de lui assemblés, quelquefois en nombre de trois ou quatre mille personnes, ne demandez pas s'il y en a de marqués. Et de fait, un jour que j'étais en un village nommé Sarigoy, je vis un prisonnier qui de cette façon donna si grand coup de pierre contre la jambe d'une femme que je pensais qu'il lui eût rompue. Or, les pierres, et tout ce qu'en se baissant il a pu ramasser auprès de soi, jusqu'aux mottes de terre étant faillies, celui qui doit faire le coup ne s'étant point encore montré tout ce jour-là, sortant lors d'une maison avec une de ces grandes épées de bois au poing, richement décorée de beaux et excellents plumages, comme aussi lui en a un bonnet et autres parements sur son corps ; en s'approchant du prisonnier lui tient ordinairement tels propos : « N'es-tu pas de la nation nommée Margajas, qui nous est ennemie ? et n'as-tu pas toi-même tué et mangé de nos parents et amis ? » Lui plus assuré que jamais répond en son langage (car les Margajas et les Tupinikin s'entendent) : *Pa, che tan tan, aiouca atoupavé,* c'est-à-dire : « Oui, je suis très fort et en ai vraiment assommé et mangé plusieurs. » Puis pour faire plus de dépit à ses ennemis, mettant les mains sur sa tête, avec exclamation il dit : « Ô que je ne m'y suis pas feint : ô combien j'ai été hardi à assaillir et à prendre de vos gens, desquels j'ai tant et tant de fois mangé », et autres semblables propos qu'il ajoute. Pour cette cause aussi, lui dira celui qu'il a là en tête tout prêt pour le massacrer : « Toi étant maintenant en notre puissance seras présentement tué par moi, puis boucané et mangé de tous nous autres. – Eh bien, répond-il encore (aussi résolu d'être assommé pour sa nation, que Regulus[29] fut constant à endurer la mort pour sa république romaine), mes parents me vengeront aussi. » Sur quoi, pour montrer qu'encore que ces nations barbares craignent fort la mort naturelle, néanmoins tels prisonniers s'estimant heureux de mourir ainsi publiquement au milieu de leurs ennemis, ne s'en soucient nullement, j'allèguerai cet exemple. M'étant un jour inopinément trouvé en un village de la grande île, nommée Piravi-jou, où il y avait une femme prisonnière toute prête d'être tuée de cette façon, en m'approchant d'elle et pour m'accommoder à son langage, lui disant qu'elle se recommandât à Tupan[30] (car Tupan entre eux ne veut pas dire Dieu, mais le tonnerre) et qu'elle le priât ainsi que je lui enseignerais, pour toute réponse hochant la tête et se moquant de moi, dit : « Que me bailleras-tu, et je ferai ainsi que tu dis ? » À quoi lui répliquant : « Pauvre misérable, il ne te faudra tantôt plus rien en ce monde, et partant, puisque tu crois l'âme immortelle (ce qu'eux tous, comme je dirai au chapitre suivant, confessent aussi), pense [à ce] qu'elle deviendra après ta mort » ; mais elle, s'en riant derechef, fut assommée et mourut de cette façon.

Ainsi pour continuer à ce propos après ces contestations, et le plus souvent parlant encore l'un à l'autre, celui qui est là tout prêt pour faire ce massacre, levant lors sa massue de bois avec les deux mains, donne du rondeau qui est au bout de si grande force sur la tête du pauvre prisonnier, que tout ainsi que les bouchers assomment les bœufs par-deçà, j'en ai vu qui du premier coup tombaient tout raides morts, sans remuer puis après ni bras ni jambe. Vrai est qu'étant étendus par terre à cause des nerfs et du sang qui se retire, on les voit un peu frémir et trembler ; mais quoi qu'il en soit, ceux qui font l'exécution frappent ordinairement si droit sur le test de la tête, voire sachant si bien choisir derrière l'oreille, que (sans qu'il en sorte guère de sang) pour leur ôter la vie ils n'y retournent pas deux fois. Aussi est-ce la façon de parler de ce pays-là, laquelle nos Français avaient déjà en la bouche, qu'au lieu que les soldats et autres qui querellent par-deçà disent maintenant l'un à l'autre : « Je te crèverai », de dire à celui auquel on en veut : « Je te casserai la tête. »

Or sitôt que le prisonnier aura été ainsi assommé, s'il avait une femme (comme j'ai dit qu'on en donne à quelques-uns), elle se mettant auprès du corps fera quelque petit deuil : je dis nommément petit deuil, car suivant vraiment ce qu'on dit que fait le crocodile, à savoir qu'ayant tué un homme il pleure auprès avant que de le manger, aussi après que cette femme aura fait ses tels quels regrets et jeté quelques feintes larmes sur son mari mort, si elle peut ce sera la première qui en mangera. Cela fait les autres femmes, et principalement les vieilles (lesquelles plus convoiteuses de manger de la chair humaine que les jeunes sollicitent incessamment tous ceux qui ont des prisonniers de les faire vitement ainsi dépêcher), se présentant avec de l'eau chaude qu'elles ont toute prête, frottent et échaudent de telle façon le corps mort qu'en ayant levé la première peau, elles le font aussi blanc que les cuisiniers par-deçà sauraient faire un cochon de lait prêt à rôtir.

Après cela, celui duquel il était prisonnier avec d'autres, tels, et autant qu'il lui plaira, prenant ce pauvre corps le fendront et mettront si soudainement en pièces, qu'il n'y a boucher en pays ici qui puisse plutôt démembrer un mouton. Mais outre cela (ô cruauté plus que prodigieuse) tout ainsi que les veneurs par-deçà après qu'ils ont pris un cerf en baillent la curée aux chiens courants, aussi ces barbares afin de tant plus inciter et acharner leurs enfants, les prenant l'un après l'autre ils leur frottent le corps, bras, cuisses et jambes du sang de leurs ennemis. Au reste depuis que les chrétiens ont fréquenté ce pays-là, les sauvages découpent et taillent tant le corps de leurs prisonniers, que des animaux et autres viandes, avec les couteaux et ferrements qu'on leur baille. Mais auparavant, comme j'ai entendu des vieillards, ils n'avaient autre moyen de ce faire, sinon qu'avec des pierres tranchantes qu'ils accommodaient à cet usage.

Or toutes les pièces du corps, et même les tripes après être bien nettoyées, sont incontinent mises sur les boucans, auprès desquels, pendant que le tout cuit ainsi à leur mode, les vieilles femmes (lesquelles, comme j'ai dit, appêtent merveilleusement de manger de la chair humaine) étant toutes assemblées pour recueillir la graisse qui dégoutte le long des bâtons de ces grandes et hautes grilles de bois, exhortant les hommes de faire en sorte qu'elles aient toujours de telle viande et en léchant leurs doigts disent *yguatou,* c'est-à-dire : « Il est bon. » Voilà donc, ainsi que j'ai vu, comment les sauvages américains font cuire la chair de leurs prisonniers pris en guerre : à savoir boucaner, qui est une façon de rôtir à nous inconnue.

Par quoi, d'autant que bien au long ci-dessus au chapitre dixième des animaux, en parlant du *tapir-oussou,* j'ai même déclaré la façon du boucan, à fin d'obvier aux redites, je prie les lecteurs que, pour se le mieux représenter, ils y aient recours. Cependant je réfuterai ici l'erreur de ceux qui, comme on peut voir par leurs cartes universelles, nous ont non seulement représenté et peint les sauvages de la terre du Brésil, qui sont ceux dont je parle à présent, rôtissant la chair des hommes embrochée comme nous faisons les membres des moutons et autres viandes, mais aussi ont feint qu'avec de grands couperets de fer ils les coupaient sur des bancs, et en pendaient et mettaient les pièces en montre, comme font les bouchers la chair de bœuf pardeçà. Tellement que ces choses n'étant non plus vraies que le conte de Rabelais touchant Panurge, qui échappa de la broche tout lardé et à demi cuit, il est aisé à juger que ceux qui font telles cartes sont ignorants, lesquels n'ont jamais eu connaissance des choses qu'ils mettent en avant. Pour confirmation de quoi j'ajouterai, qu'outre la façon que j'ai dit que les Brésiliens ont de cuire la chair de leurs prisonniers, encore que j'étais en leur pays ignoraient-ils tellement notre façon de rôtir, que comme un jour quelques miens compagnons et moi en un village faisions tourner une poule d'Inde, avec d'autres volailles, dans une broche de bois, eux se riant et moquant de nous ne voulurent jamais croire, les voyant ainsi incessamment remuer, qu'elles pussent cuire, jusqu'à ce que l'expérience leur montrât du contraire.

Reprenant donc mon propos, quand la chair d'un prisonnier, ou de plusieurs (car ils en tuent quelquefois deux ou trois en un jour) est ainsi cuite, tous ceux qui ont assisté à voir faire le massacre, étant derechef réjouis à l'entour des boucans, sur lesquels avec œillades et regards furibonds, ils contemplent les pièces et membres de leurs ennemis, quelque grand qu'en soit le nombre, chacun, s'il est possible, avant que sortir de là en aura son morceau. Non pas cependant, ainsi qu'on pourrait estimer, qu'ils fassent cela ayant égard à la nourriture : car combien que tous confessent cette chair humaine être merveilleusement bonne et délicate, tant y a néanmoins que plus par vengeance que pour le goût (hormis ce que j'ai dit particulièrement des vieilles femmes, qui en sont si friandes), leur principale intention est qu'en poursuivant et rongeant ainsi les morts jusqu'aux os, ils donnent par ce moyen crainte et épouvantement aux vivants. Et de fait, pour assouvir leurs courages félons, tout ce qui se peut trouver en corps de tels prisonniers, depuis les extrémités des orteils, jusqu'au nez, oreilles et sommet de la tête, est entièrement mangé par eux : j'excepte toutefois la cervelle à laquelle ils ne touchent point. Et au surplus, nos Tupinamba réservant les tects [31] par monceaux en leurs villages, comme on voit par-deçà les têtes de morts en cimetières, la première chose qu'ils font quand les Français les vont voir et visiter, c'est qu'en récitant leur vaillance, et par trophée leur montrant ces tects ainsi décharnés, ils disent qu'ils feront de même à tous leurs ennemis. Semblablement ils serrent fort soigneusement, tant les plus gros os des cuisses et des bras, pour (comme j'ai dit au chapitre précédent) faire des fifres et des flûtes, que les dents, lesquelles ils arrachent et enfilent en façon de patenôtres, et ils portent ainsi tortillées à l'entour de leurs cols. *L'Histoire des Indes*[32] parlant de ceux de l'île de Zamba, dit qu'eux attachant aux portes de leurs maisons les têtes de ceux qu'ils ont tués et sacrifiés, pour plus grandes bravades en portent aussi les dents pendues au cou.

Quant à celui ou ceux qui ont commis ces meurtres, réputant cela à grand gloire et honneur, dès le même jour qu'ils auront fait le coup, se retirant à part, ils se feront non seulement inciser jusqu'au sang, la poitrine, les bras, les cuisses, le gras des jambes, et autres parties du corps, mais aussi, afin que cela paraisse toute leur vie, ils frottent ces taillades de certaines mixtions et poudre noire, qui ne se peut jamais effacer; tellement que tant plus qu'ils sont ainsi déchiquetés, tant plus connaît-on qu'ils ont beaucoup tué de prisonniers, et par conséquent sont estimés plus vaillants par les autres. Ce que, pour vous mieux faire entendre, je vous ai ici derechef représenté par la figure du sauvage déchiqueté : auprès duquel il y en a un autre qui tire de l'arc.

Pour la fin de cette tant étrange tragédie, s'il advient que les femmes qu'on avait baillées aux prisonniers demeurent grosses d'eux, les sauvages, qui ont tué les pères, alléguant que tels enfants sont provenus de la semence de leurs ennemis (chose horrible à ouïr, et encore plus à voir), mangeront les uns incontinent après qu'ils seront nés : ou selon que bon leur semblera, avant que d'en venir là, ils les laisseront devenir un peu grandets. Et ne se délectent pas seulement ces barbares, plus qu'en toutes autres choses, d'exterminer ainsi, tant qu'il leur est possible, la race de ceux contre lesquels ils ont guerre (car les Margajas font le même traitement aux Tupinamba quand ils les tiennent), mais aussi ils prennent un singulier plaisir de voir que les étrangers, qui leur sont alliés, fassent le semblable. Tellement que quand ils nous présentaient de cette chair humaine de leurs prisonniers pour manger, si nous en faisions refus (comme moi et beaucoup d'autres des nôtres ne nous étant point, Dieu merci, oubliés jusque-là, avons toujours fait), il leur semblait par cela que nous ne leur fussions pas assez loyaux. Sur quoi, à mon grand regret, je suis contraint de réciter ici, que quelques truchements de Normandie, qui avaient demeuré huit ou neuf ans en ce pays-là, pour s'accommoder à eux, menant une vie d'athéistes, ne se polluaient pas seulement en toutes sortes de paillardises et vilenies parmi les femmes et les filles, dont un entre autres de mon temps avait un garçon âgé d'environ trois ans, mais aussi, surpassant les sauvages en inhumanité, j'en ai ouï qui se vantaient d'avoir tué et mangé des prisonniers.

Ainsi, continuant à décrire la cruauté de nos Tupinamba envers leurs ennemis, advint pendant que nous étions pardelà, qu'eux s'étant avisés qu'il y avait un village en la grande île, dont j'ai parlé ci-devant, lequel était habité de certains Margajas leurs ennemis, qui néanmoins s'étaient rendus à eux, dès que leur guerre commença, à savoir il y avait dès lors environ vingt ans, bien dis-je que depuis ce temps-là ils les eussent toujours laissés vivre en paix parmi eux, tant y a néanmoins qu'un jour en buvant et caouinant, s'encourageant l'un l'autre, et alléguant, comme j'ai tantôt dit, que c'étaient gens issus de leurs ennemis mortels, ils délibérèrent de tout saccager. Et de fait, s'étant mis une nuit à la pratique de leur résolution, prenant ces pauvres gens au dépourvu, ils en firent un tel carnage et une telle boucherie, que c'était une pitié la non pareille de les ouïr crier. Plusieurs de nos Français en étant avertis, environ minuit, partirent bien armés et s'en allèrent dans une barque en grande diligence contre ce village, qui n'était qu'à quatre ou cinq lieues de notre fort. Mais avant qu'ils y fussent arrivés, nos sauvages, enragés et acharnés après la proie, ayant mis le feu aux maisons pour faire sortir les personnes, en avaient déjà tant tué que c'était presque fait. Même j'ouïs affirmer à quelques-uns des nôtres, étant de retour, que non seulement ils avaient vus en pièces et en carbonades plusieurs hommes et femmes sur les boucans, mais qu'aussi les petits enfants à la mamelle y furent rôtis tous entiers. Il y en eut néanmoins quelque petit nombre des grands, qui s'étant jetés en mer, et en faveur des ténèbres de la nuit sauvés à nage, se vinrent rendre à nous en notre île : de quoi cependant nos sauvages, quelques jours après étant avertis, grondant entre leurs dents de ce que nous les retenions, n'en étaient pas contents. Toutefois après qu'ils furent apaisés par quelque marchandise qu'on leur donna, moitié de force et moitié de gré, ils les laissèrent esclaves à Villegagnon.

Une autre fois que quatre ou cinq Français et moi étions en un village de la même grande île, nommée *Piravi-jou*, où il y avait un prisonnier beau et puissant jeune homme enferré de quelques fers que nos sauvages avaient recouvrés des chrétiens, lui s'accostant de nous, nous dit en langage portugais (car deux de notre compagnie parlant bon espagnol l'entendirent bien) qu'il avait été en Portugal, qu'il était christianisé, avait été baptisé et se nommait Antony. Partant, quoi qu'il fût Margaja de nation, ayant toutefois par cette fréquentation en un autre pays aucunement dépouillé son barbarisme, il nous fit entendre qu'il eût bien voulu être délivré d'entre les mains de ses ennemis. Par quoi outre notre devoir, d'en retirer autant que nous pouvions, ayant encore par ces mots de christianisé et d'Antony été plus émus de compassion en son endroit, l'un de ceux de notre compagnie qui entendait [l']espagnol, serrurier de son état, lui dit que dès le lendemain il lui apporterait une lime pour limer ses fers : et partant qu'incontinent qu'il serait à délivre, n'étant point autrement tenu de court, pendant que nous amuserions les autres de paroles, il s'allât cacher sur le rivage de la mer, dans certains bocages que nous lui montrâmes; lesquels en nous en retournant nous ne manquerions point de l'aller quérir dans notre barque; [de] même lui dîmes que si nous le pouvions tenir en notre fort, nous accorderions bien avec ceux desquels il était prisonnier. Le pauvre homme, bien joyeux du moyen que nous lui présentions, en nous remerciant promit de faire tout ainsi que nous lui avions conseillé. Mais la canaille de sauvage, quoi qu'elle n'eût point entendu ce colloque, se doutant bien néanmoins que nous le leur voulions enlever d'entre les mains, dès que nous fûmes sortis de leur village, ayant en diligence seulement appelé leurs plus proches voisins, pour être spectateurs de la mort de leur prisonnier, il fut incontinent par eux assommé. Tellement que dès le lendemain, qu'avec la lime, feignant d'aller quérir des farines et autres vivres, nous fûmes retournés en ce village, comme nous demandions aux sauvages le lieu où était le prisonnier que nous avions vu le jour précédent, il y en eut qui nous menèrent en une maison, où nous vîmes les pièces du corps du pauvre Antony sur le boucan : [et] même, parce qu'ils connurent bien qu'ils nous avaient trompés, en nous montrant la tête, ils en firent une grande risée.

Semblablement nos sauvages ayant un jour surpris deux Portugais, dans une petite maisonnette de terre, où ils étaient dans les bois, près de leur fort appelé Morpion : quoi qu'ils se défendissent vaillamment depuis le matin jusqu'au soir, même qu'après que leur munition d'arquebuses et traits d'arbalètes furent faillis, ils sortissent avec chacun une épée à deux mains, de quoi ils firent un tel échec sur les assaillants, que beaucoup furent tués et d'autres blessés, tant y a néanmoins que les sauvages s'opiniâtrant de plus en plus, avec résolution de se faire plutôt tous hacher en pièces que de se retirer sans vaincre, ils prirent enfin et emmenèrent prisonniers les deux Portugais : de la dépouille desquels un sauvage me vendit quelques habits de buffles : comme aussi un de nos truchements en eut un plat d'argent qu'ils avaient pillé, avec d'autres choses, dans la maison qui fut forcée, lequel, eux en ignorant la valeur, ne lui coûta que deux couteaux. Ainsi étant de retour en leurs villages, après que par ignominie ils eurent arraché la barbe à ces deux Portugais, ils les firent non seulement cruellement mourir, mais aussi parce que les pauvres gens ainsi affligés, sentant la douleur s'en plaignaient, les sauvages se moquant d'eux leur disaient : « Et comment? sera-t-il ainsi, que vous vous soyez si bravement défendus, et que maintenant qu'il fallait mourir avec honneur, vous montriez que vous n'avez pas tant de courage que des femmes? », et de cette façon furent tués et mangés à leur mode.

Je pourrais encore amener quelques autres semblables exemples, touchant la cruauté des sauvages envers leurs ennemis, n'était qu'il me semble que ce que j'en ai dit est assez pour faire avoir horreur, et dresser à chacun les cheveux en la tête. Néanmoins afin que ceux qui liront ces choses tant horribles, exercées journellement entre ces nations barbares de la terre du Brésil, pensent aussi un peu de près à ce qui se fait par-deçà parmi nous : je dirai en premier lieu sur cette matière, que si on considère à bon escient ce que font nos gros usuriers (suçant le sang et la moelle, et par conséquent mangeant tous en vie, tant de veuves, orphelins et autres pauvres personnes auxquels il vaudrait mieux couper la gorge tout d'un coup, que de les faire ainsi languir) qu'on dira qu'ils sont encore plus cruels que les sauvages dont je parle. Voilà aussi pourquoi le Prophète dit que telles gens écorchent la peau, mangent la chair, rompent et brisent les os du peuple de Dieu, comme s'ils les faisaient bouillir dans une chaudière. Davantage, si on veut venir à l'action brutale de mâcher et manger réellement (comme on parle) la chair humaine, ne s'en est-il point trouvé en ces régions de par-deçà, voire même entre ceux qui portent le titre de chrétiens, tant en Italie qu'ailleurs, lesquels ne s'étant pas contentés d'avoir fait cruellement mourir leurs ennemis, n'ont pu rassasier leur courage, sinon en mangeant de leur foie et de leur cœur? Je m'en rapporte aux histoires. Et sans aller plus loin, en la France quoi? (Je suis français et me fâche de le dire) durant la sanglante tragédie qui commença à Paris le 24 d'août 1572, dont je n'accuse point ceux qui n'en sont pas cause : entre autres actes horribles à raconter, qui se perpétrèrent lors par tout le royaume, la graisse des corps humains (qui d'une façon plus barbare et cruelle que celle des sauvages, furent massacrés dans Lyon, après être retirés de la rivière de Saône) ne fut-elle pas publiquement vendue au plus offrant et dernier enchérisseur? Les foies, cœurs et autres parties des corps de quelques-uns ne furent-ils pas mangés par les furieux meurtriers, dont les enfers ont horreur? Semblablement, après qu'un nommé Cœur de Roi, faisant profession de la religion réformée dans la ville d'Auxerre, fut misérablement massacré, ceux qui commirent ce meurtre ne découpèrent-ils pas son cœur en pièces, l'exposèrent en vente à ses haineux, et finalement, l'ayant fait griller sur les charbons, assouvissant leur rage comme chiens mâtins, en mangèrent? Il y a encore des milliers de personnes en vie, qui témoigneront de ces choses non jamais auparavant ouïes entre peuples quels qu'ils soient, et les livres qui dès longtemps en sont déjà imprimés, en feront foi à la postérité. Tellement que non sans cause, quelqu'un, duquel je proteste ne savoir le nom, après cette exécrable boucherie du peuple français, reconnaissant qu'elle surpassait toutes celles dont on avait jamais ouï parler, pour l'exagérer fit ces vers suivants :

Riez Pharaon,
Achab, et Néron,
Hérode aussi :
Votre barbarie
Est ensevelie
Par ce fait ici.

Par quoi qu'on n'abhorre plus tant désormais la cruauté des sauvages anthropophages, c'est-à-dire, mangeurs d'hommes : car puisqu'il y en a de tels, voire d'autant plus détestables et pires au milieu de nous, qu'eux qui, comme il a été vu, ne se ruent que sur les nations lesquelles leur sont ennemies, et ceux-ci se sont plongés au sang de leurs parents, voisins et compatriotes, il ne faut pas aller si loin qu'en leur pays, ni qu'en Amérique pour voir choses si monstrueuses et prodigieuses.

CHAPITRE XVII

Du mariage, polygamie, et degrés de consanguinité observés par les sauvages : et du traitement de leurs petits enfants.

Touchant le mariage de nos Américains, ils observent seulement ces trois degrés de consanguinité : à savoir que nul ne prend sa mère, ni sa sœur, ni sa fille à femme ; mais quant à l'oncle, il prend sa nièce, et autrement en tous les autres degrés ils n'y regardent rien. Pour l'égard des cérémonies, il n'en font point d'autre, sinon que celui qui voudra avoir femme, soit veuve ou fille, après avoir su sa volonté, s'adressant au père, ou à défaut de celui-ci, aux plus proches parents de celle-ci, demandera si on lui veut bailler une telle en mariage. Que si on répond que oui, dès lors, sans passer autre contrat (car les notaires n'y gagnent rien) il la tiendra avec soi pour sa femme. Si au contraire on la lui refuse, sans s'en formaliser autrement il se déportera. Mais notez que la polygamie, c'est-à-dire pluralité des femmes, ayant lieu en leur endroit, il est permis aux hommes d'en avoir autant qu'il leur plaît : même, faisant de vice vertu, ceux qui en ont plus grand nombre sont estimés les plus vaillants et hardis ; et en ai vu un qui en avait huit, desquelles il faisait ordinairement des contes à sa louange. Et ce qui est émerveillable en cette multitude de femmes, encore qu'il y en ait une toujours mieux aimée du mari, tant y a néanmoins que pour cela les autres n'en seront point jalouses, ni n'en murmureront, au moins n'en montreront aucun semblant : tellement que s'occupant toutes à faire le ménage, tisser leurs lits de coton, à aller aux jardins, et planter les racines, elles vivent ensemble en une paix la non pareille. Sur quoi je laisse à considérer à chacun, quand même il ne serait point défendu de Dieu de prendre plus d'une femme, s'il serait possible que celles de par-deçà s'accordassent de cette façon. Plutôt certes vaudrait-il mieux envoyer un homme aux galères que de le mettre en un tel grabuge de noises et de riottes [33] qu'il serait indubitablement, témoin ce qui advint à Jacob pour avoir pris Léa et Rachel, combien qu'elles fussent sœurs [34]. Mais comment pourraient les nôtres durer plusieurs ensemble, vu que bien souvent celle ordonnée de Dieu à l'homme pour lui être en aide et pour le réjouir, au lieu de cela, lui est comme un diable familier en sa maison ? Quoi disant, tant s'en faut que je prétende en façon que ce soit taxer celles qui font autrement : c'est-à-dire, qui rendent l'honneur et obéissance que de tout droit elles doivent à leurs maris : qu'au contraire, faisant ainsi leur devoir, s'honorant elles-mêmes les premières, je les estime dignes d'autant de louanges, que je répute les autres justement mériter tous blâmes.

Pour donc retourner au mariage de nos Américains, l'adultère du côté des femmes leur est en telle horreur que, sans qu'ils aient autre loi que celle de nature, si quelqu'une mariée s'abandonne à autre qu'à son mari, il a puissance de la tuer, ou pour le moins la répudier et renvoyer avec honte. Il est vrai que les pères et parents, avant que marier leurs filles, ne font pas grande difficulté de les prostituer au premier venu : de manière, ainsi que j'ai déjà touché autre part, qu'encore que les truchements de Normandie, avant que nous fussions en ce pays-là, en eussent abusées en plusieurs villages, pour cela elles ne reçoivent point note d'infamie : mais étant mariées, à peine, comme j'ai dit, d'être assommées, ou honteusement renvoyées, qu'elles se gardent bien de trébucher.

Je dirai davantage, vu la région chaude où ils habitent, et nonobstant ce qu'on dit des Orientaux, que les jeunes gens à marier, tant fils que filles de cette terre-là, ne sont pas tant adonnés à paillardise qu'on pourrait bien estimer; et plût à Dieu qu'elle ne régnât non plus par-deçà : toutefois, afin de ne les faire pas aussi plus gens de bien qu'ils ne sont, parce que quelquefois en se dépitant l'un contre l'autre, ils s'appellent *tyvire*, c'est-à-dire bougre, on peut de là conjecturer (car je n'en affirme rien) que cet abominable péché se commet entre eux. Au reste, quand une femme est grosse d'enfant, se gardant seulement de porter quelques fardeaux pesants, elle ne cessera pas au demeurant de faire sa besogne ordinaire : comme de fait les femmes de nos Tupinamba travaillent sans comparaison plus que les hommes; car excepté quelques matinées (et non au chaud du jour) qu'ils coupent et essartent du bois pour faire les jardins, ils ne font guère autre chose qu'aller à la guerre, à la chasse, à la pêche, fabriquer leurs épées de bois, arcs, flèches, habillements de plumes et autres choses que j'ai spécifiées ailleurs, dont ils se parent le corps. Touchant l'enfantement, voici ce que, pour l'avoir vu, j'en puis dire à la vérité. C'est qu'un autre Français et moi étant une fois couchés en un village, ainsi qu'environ minuit nous ouïmes crier une femme, pensant que ce fût cette bête ravissante, nommée *jan-ou-are*[35] (laquelle, comme j'ai dit ailleurs, mange les sauvages), qui la voulût dévorer : y étant soudain accourus, nous trouvâmes que ce n'était pas cela, mais que le travail d'enfant, où elle était, la faisait crier de cette façon. Tellement que je vis moi-même le père, lequel après qu'il eut reçu l'enfant entre ses bras, lui ayant premièrement noué le petit boyau du nombril, il le coupa puis après à belles dents. Secondement, servant toujours de sage-femme, au lieu que celles de par-deçà, pour plus grande beauté, tirent le nez aux enfants nouvellement nés, lui au contraire (parce qu'il les trouve plus jolis quand ils sont camus), enfonça et écrasa avec le pouce celui de son fils : ce qui se pratique envers tous les autres. Comme aussi incontinent que le petit enfant est sorti du ventre de la mère, étant lavé bien net, il est tout aussitôt peinturé de couleurs rouges et noires, par le père : lequel au surplus, sans l'emmailloter, le couchant en un lit de coton pendu en l'air, si c'est un mâle il lui fera une petite épée de bois, un petit arc et de petites flèches empennées de plumes de perroquet : puis mettant le tout auprès de l'enfant, en le baisant, avec une face riante, lui dira : « Mon fils, quand tu seras venu en âge, afin que tu te venges de tes ennemis, sois adextre aux armes, fort, vaillant et bien aguerri. » Touchant les noms, le père de celui que je vis naître le nomma *orapacen*, c'est-à-dire

« l'arc et la corde » : car ce mot est composé d'*orapat*, qui est l'arc, et de *cen*, qui signifie la corde de celui-ci. Et voilà comment ils en font à tous les autres, auxquels tout ainsi que nous faisons aux chiens et autres bêtes de par-deçà, ils baillent indifféremment tels noms de choses qui leur sont connues : comme *sarigoy*, qui est un animal à quatre pieds, *arignan*, une poule, *arabouten*, l'arbre du Brésil, *pindo*, une grande herbe, et autres semblables.

Pour l'égard de la nourriture, ce sera quelques farines mâchées, et autres viandes bien tendres, avec le lait de la mère : laquelle au surplus ne demeurant ordinairement qu'un jour ou deux en la couche, prenant puis après son petit enfant pendu à son cou, dans une écharpe de coton faite exprès pour cela, s'en ira au jardin ou à quelques autres affaires. Ce que je dis sans déroger à la coutume des dames de par-deçà, lesquelles, à cause du mauvais air du pays, outre qu'elles demeurent le plus souvent quinze jours ou trois semaines dans le lit, encore pour la plupart sont si délicates, que sans avoir aucun mal qui les peut empêcher de nourrir leurs enfants, comme les femmes américaines font les leurs, elles leur sont si inhumaines que aussitôt qu'elles en sont délivrées, ou elles les envoient si loin, que s'ils ne meurent sans qu'elles en sachent rien, pour le moins faut-il qu'ils soient déjà grandets, afin de leur donner du passe-temps, avant qu'elles les veuillent souffrir auprès d'elles. Que s'il y en a quelques sucrées qui pensent que je leur fasse tort de les comparer à ces femmes sauvages, desquelles, diront-elles, la façon rurale n'a rien de commun avec leurs corps si tendres et délicats : je suis content pour adoucir cette amertume, de les renvoyer à l'école des bêtes brutes, lesquelles, jusqu'aux petits oiselets, leur apprendront cette leçon, que c'est à chacune espèce d'avoir soin, voire prendre peine elle-même d'élever son engeance. Mais afin de couper broche à toutes les répliques qu'elles pourraient faire là-dessus, seront-elles plus douillettes que ne fut jadis une reine de France, laquelle (comme on lit ès histoires), poussée d'affection vraiment maternelle, ayant su que son enfant avait tété une autre femme, en fut si jalouse, qu'elle ne cessa jamais jusqu'à ce qu'elle lui eût fait vomir le lait qu'il avait pris d'ailleurs que des mamelles de sa propre mère ?

Or, retournant à mon propos, quoiqu'on estime communément par-deçà, que si les enfants, en leurs tendreurs et premières jeunesses, n'étaient pas bien serrés et emmaillotés, ils seraient contrefaits, et auraient les jambes courbées, je dis qu'encore que cela ne soit nullement observé à l'endroit de ceux des Américains (lesquels comme j'ai déjà touché dès leur naissance sont tenus et couchés sans être enveloppés) que néanmoins il n'est pas possible de voir enfants cheminer ni aller plus droit qu'ils font. Sur quoi toutefois concédant bien que l'air doux, et bonne température de ce pays-là en est cause en partie, j'accorde qu'il est bon en hiver de tenir les enfants par-deçà enveloppés, couverts et bien serrés dans les berceaux, parce qu'autrement ils ne pourraient résister au froid : mais en été, voire ès saisons tempérées, principalement quand il ne gèle point, il me semble (sous correction toutefois) par l'expérience que j'en ai vue, qu'il vaudrait mieux laisser au large les petits enfants gambader tout à leur aise parmi quelque façon de lits qu'on pourrait faire, dont ils ne sauraient tomber, que de les tenir tant de court. Et de fait, j'ai opinion que cela nuit beaucoup à ces pauvres petites et tendres créatures, d'être ainsi, durant les grandes chaleurs échauffées, et comme à demi cuites, dans ces maillots où on les tient comme en la géhenne.

Toutefois, afin qu'on ne dise pas que je me mêle de trop de choses, laissant aux pères, mères et nourrices de par-deçà à gouverner leurs enfants, j'ajoute à ce que j'ai déjà dit de ceux de l'Amérique : qu'encore que les femmes de ce pays-là n'aient aucuns linges pour torcher le derrière de leurs enfants, même qu'elles ne se servent non plus à cela des feuilles d'arbres et d'herbes, dont toutefois elles ont grande abondance, néanmoins elles en sont si soigneuses, que seulement avec de petits bois qu'elles rompent, comme petites chevilles, elles les nettoient si bien que vous ne les verriez jamais breneux. Ce qu'aussi font les grands, desquels cependant (faisant cette digression sur cette sale matière) je ne vous veux dire ici autre chose, sinon qu'encore qu'ils pissent ordinairement parmi leurs maisons (sans toutefois qu'à cause des feux qu'ils y font en plusieurs endroits et qu'elles sont comme sablées, il y sente mal pour cela), ils vont néanmoins fort loin faire leurs excréments. Davantage, combien que les sauvages aient soin de tous leurs enfants, desquels ils ont comme des fourmilières (non pas cependant qu'il se trouve un seul père entre nos Brésiliens qui ait six cents fils, comme on a écrit avoir vu un roi ès îles des Moluques qui en avait autant, ce qui doit être mis au rang des choses prodigieuses), si est-ce qu'à cause de la guerre, en laquelle entre eux il n'y a que les hommes qui combattent, et qui ont surtout la vengeance contre leurs ennemis en recommandation, les mâles sont plus aimés que les femelles. Que si on demande maintenant plus outre, à savoir quelle condition ils leur baillent, et que c'est qu'ils leur apprennent quand ils sont grands, je réponds à cela que comme on a pu recueillir ci-dessus, tant aux chapitres VIII, XIV et XV qu'ailleurs en cette histoire, où parlant de leur naturel, guerres et façons de manger leurs ennemis, j'ai montré à quoi ils s'appliquent, qu'il sera aisé à juger (n'ayant entre eux collèges ni autre moyen d'apprendre les sciences honnêtes, [encore] moins en particulier les arts libéraux) que comme vrais successeurs de Lamech, de Nimrod et d'Esaü [36] qu'ils sont, leur métier ordinaire, tant grands que petits, est d'être non seulement chasseurs et guerriers, mais aussi tueurs et mangeurs d'hommes.

Au surplus, poursuivant à parler du mariage des Tupinamba, autant que la vergogne le pourra supporter, j'affirme contre ce que d'aucuns ont imaginé que les hommes d'entre eux, gardant l'honnêteté de nature, n'ayant jamais publiquement la compagnie de leurs femmes, sont en cela non seulement à préférer à ce vilain philosophe cynique [37], qui trouvé sur le fait, au lieu d'avoir honte, dit qu'il plantait un homme : mais qu'aussi ces boucs puants qu'on voit de notre temps par-deçà, ne se sont point cachés pour commettre leurs vilenies, sont sans comparaison plus infâmes qu'eux. Il y a davantage, qu'en l'espace d'environ un an que nous demeurâmes en ce pays-là, fréquentant ordinairement parmi eux, nous n'avons jamais vu les femmes avoir leurs ordes fleurs [38]. Vrai est que j'ai opinion qu'elles les divertissent, et ont une autre façon de se purger que n'ont celles de par-deçà : car j'ai vu des jeunes filles, à l'âge de douze et quatorze ans, lesquelles les mères ou parents faisant tenir toutes debout, les pieds joints sur une pierre de grès, leur incisaient jusqu'au sang, avec une dent d'animal tranchante comme un couteau, depuis le dessous de l'aisselle, tout au long de l'un des côtés et de la cuisse, jusqu'au genou : tellement que ces filles avec grandes douleurs en grinçant les dents saignaient ainsi un espace de temps; et pense, comme j'ai dit, que dès le commencement elles usent de ce remède, pour obvier qu'on ne voie leurs pauvretés. Que si les médecins, ou autres plus savants que moi en telles matières, répliquent là-dessus : « Comment se pourra accorder ce que tu as naguère dit, qu'elles étant mariées soient si fertiles en enfants, vu que cela cessant aux femmes elles ne peuvent concevoir ni engendrer ? », si on allègue, dis-je, que ces choses ne peuvent convenir l'une avec l'autre, je réponds que mon intention n'est pas, ni de résoudre cette question, ni d'en dire ici davantage.

Au reste j'ai réfuté à la fin du huitième chapitre ce que quelques-uns ont écrit, et d'autres pensé, que la nudité des femmes et filles sauvages incite plus les hommes à paillardise que si elles étaient habillées; comme aussi ayant là déclaré quelques autres points concernant la nourriture, mœurs et façon de vivre des enfants américains; afin de suppléer à une plus ample déduction, que le lecteur pourrait requérir en ce lieu touchant cette matière, il faudra s'il lui plaît qu'il y ait recours.

Notes

1. Sur le Fort-Coligny, Nicolas Durand deVillegagnon et les circonstances qui amenèrent Jean de Léry à séjourner chez les Tupinamba du Brésil, se reporter à la postface (*infra* p. 83).
2. *Par-deçà* : en Europe, dans le Vieux Monde.
3. *Tupinamba* (dans le texte original : *Toüoupinambaoults*), ou *Tupinikin* : l'un des trois principaux groupes de la famille ethnolinguistique des Tupi. Au XVIe siècle, ces Indiens habitent principalement le long des côtes atlantiques, de l'embouchure de l'Amazone à l'actuel État de São Paulo, même si certaines tribus ont amorcé un long mouvement de migration vers la forêt. Les Tupinamba sont les alliés des Français, à la différence de leurs ennemis les Margajas, alliés des Portugais.
4. *Six vingt ans* : cent vingt ans.
5. *Génipa* : fruit du génipayer, arbre de la famille des rubiacés.
6. *Jayet* : jais.
7. *Caouiner* : boire le caouin, boisson fermentée par la salive des femmes, qui mâchent et recrachent, pour la fabriquer, des racines de mil ou de manioc.
8. Dès la première édition, l'*Histoire d'un voyage fait en la terre du Brésil* était illustrée de planches gravées.
9. *Connils* : lapins.
10. Allusion aux adamites de Bohême, qui avaient introduit le nudisme dans leur liturgie.
11. *Aypi* et *maniot* : les deux termes désignent le manioc.
12. *Grelace* : « grêlon, grumeau ».
13. *Chènevottes* : brins de chanvre.
14. *Avati* : il s'agit du mil (portugais *milho*), appelé ensuite maïs.
15. Allusion à l'*Histoire générale des Indes occidentales et terres neuves qui jusques à présent ont esté descouvertes* de Francisco Lopez de Gomara, Paris, 1569.
16. Laonicus Chalcondyle, *Histoire de la décadence de l'Empire grec, et établissement de celui des Turcs*, Paris, 1577.

17. *Lambruches* : vignes sauvages.
18. *Vérins* : vignes de mauvaise qualité.
19. *Faire carrousse de* : faire profession de.
20. *Schelm* : au sens de *ein armer Schelm,* « un pauvre diable ».
21. *Ais* : planche.
22. *Navré* : blessé.
23. *Passade* : mouvement d'avancée et de recul alternés.
24. *Aygnan* : les missionnaires portugais ont fait d'Anhanga, divinité très secondaire en réalité, l'équivalent de Satan dans la mythologie tupi.
25. Francisco Pizarro (1475-1541), conquérant du Pérou. Il prit Cuzco et fit exécuter Atahualpa (né vers 1500), le dernier empereur inca, en 1533.
26. *Morion* : casque des arquebusiers.
27. *Ribler* : faire ribote.
28. *Til* : il s'agit plutôt du chanvre que du tilleul.
29. Marcus Attilius Regulus, général romain fait prisonnier par les Carthaginois lors de la première guerre punique, fut envoyé à Rome pour plaider la paix, après avoir promis de revenir. Ayant au contraire conseillé à ses compatriotes de poursuivre les hostilités, il tint parole et revint à Carthage, où il fut torturé et exécuté.
30. Tupan, divinité secondaire du panthéon tupi, a été assimilé par les Portugais à Dieu le père, tout comme Anhanga le fut à Satan (*cf.* note 24).
31. *Tect* : (sommet du) crâne.
32. Nouvelle allusion à l'*Histoire générale des Indes occidentales et terres neuves qui jusques à présent ont esté descouvertes* de Francisco Lopez de Gomara.
33. *Riotte* : querelle (*cf.* l'anglais *riot,* emprunté au français : « révolte, mutinerie »).
34. *Cf. Genèse,* 29-30 : Jacob, amoureux de Rachel, fille de Laban, avait dû épouser en même temps la sœur aînée de celle-ci, Léa.
35. *Jan-ou-are :* le jaguar.
36. Personnages bibliques, qui apparaissent tous dans la *Genèse.*
37. Diogène le Cynique (vers 410 -vers 323 avant J.-C.).
38. *Ordes fleurs* : menstruation. *Ord(e)* signifie « sale, répugnant ».

Le barbier et le cordonnier

Jean de Léry (1534-1613), jeune cordonnier d'origine bourguignonne, suivait des études de théologie à l'Académie de Genève. On lui proposa, en septembre 1556, de rejoindre, avec treize autres protestants, la colonie que Nicolas Durand de Villegagnon (1510-1572), un capitaine des galères, tentait d'établir depuis l'année précédente dans la baie de l'actuelle Rio de Janeiro, sur un minuscule îlot baptisé « Fort-Coligny ». La mission avait en effet été commanditée par l'amiral [1], qui avait un double but : faire pièce aux Portugais et ménager un refuge éventuel pour les huguenots persécutés. Villegagnon, qui se disait favorable à la Réforme, avait lui-même demandé à Calvin du secours, ayant eu à subir la révolte des « truchements » (interprètes) normands déjà établis au Brésil [2]. Il accueillit pourtant assez fraîchement la délégation genevoise dirigée par Dupont de Corguilleray et le pasteur Richer, qui débarqua en mars 1557, après un voyage difficile. Il ne tarda pas à se montrer franchement hostile à la cause protestante, et les occupants de l'îlot passèrent le plus clair de leur temps en querelles théologiques stériles [3]. Léry et quelques autres choisirent finalement d'aller vivre chez les « sauvages », d'octobre 1557 à leur retour (janvier-mai 1558). Trois huguenots sur les cinq restés sur place refusèrent d'abjurer et furent noyés par Villegagnon dans la baie. Le fort fut repris par le Portugais Mem de Sá le 15 mars 1560.

Ce fiasco donna lieu à une polémique sur le rôle des protestants envoyés par Calvin et Coligny, que Villegagnon rendit responsables de l'échec de la colonie. Pour répondre à ces accusations, les huguenots firent paraître à Genève une *Réfutation des folles rêveries, exécrables blasphèmes, erreurs et mensonges* de l'ancien gouverneur (1561) ; la même année, une comédie ridiculisait « l'outrecuidé », qui s'était érigé en « roi de l'Amérique ». La cour soutint naturellement le capitaine, dont Ronsard célébra la vaillance, lui reprochant seulement d'avoir voulu « rendre fine une gent si peu caute [...] qui ne connaît les noms de vertu ni de vice »[4]. Elle célébra également André Thevet (1504-1592), un ancien barbier devenu moine cordelier, qui avait brièvement servi d'aumônier à la petite colonie. En fait, il n'y avait séjourné que quelques semaines, alité, en proie à la « fièvre obsidionale ». Il était revenu au début de 1556 et avait publié, dès 1557, *Les Singularités de la France antarctique*[5], où il évoquait toutes sortes d'animaux monstrueux, dont certains, tels le *haüt* (le paresseux), se nourrissaient, selon lui, uniquement de vent; il attestait encore l'existence des amazones, des satyres et des géants... S'étant défroqué, Thevet fut nommé cosmographe du roi.

Léry ne prit pas, tout d'abord, de part directe à cette guerre de libelles. Revenu à Genève, le petit artisan inconnu se maria, et devint prédicateur, puis pasteur en titre, dans sa Bourgogne natale. C'est seulement vingt ans plus tard, après la Saint-Barthélémy (à laquelle il échappa de peu) [6], qu'il publia l'*Histoire d'un voyage fait en la terre du Brésil* (1578). Son but premier était de réfuter à la fois les fables et les calomnies de Thevet, qui avait publié entre-temps une *Cosmographie universelle* (1575) où il relançait le procès des « gentils prédicants ne pensant qu'à s'enrichir » [7]. Chacun, bien entendu, accusa l'autre de plagiat, et il est de fait que plusieurs passages de Léry semblent purement et simplement démarqués de son rival. On ne peut nier, pourtant, quel que soit l'« engagement » politico-religieux du pasteur et les doutes que l'on peut avoir sur son « objectivité », que l'affrontement idéologique n'ait eu un enjeu précis : la défense des martyrs protestants assassinés, Léry en vient vite à celle des Indiens [8], que Villegagnon assimile à « des bêtes portant figure humaine » [9] et Thevet à « des gens merveilleusement étranges et sauvages, sans foi, sans loi, sans religion, sans civilité aucune, mais vivant comme bêtes irraisonnables, ainsi que la nature les a produits [...] » [10].

Léry est persuadé, lui aussi, que les Indiens sont définitivement rebelles à toute conversion. Mais, loin de condamner ses « chers sauvages » et de les exclure de l'humanité, il décrit sans jugement *a priori* tout ce qui, dans leurs pratiques, est susceptible de scandaliser la conscience occidentale. Il s'efforce même, souvent, sinon de les justifier, du moins de les relativiser. La nudité, tout d'abord : sans l'approuver, il la préfère aux fards et aux vertugadins dont s'affublent les coquettes de

« par-deçà », et y voit même l'indice d'une sorte de « modestie ». La polygamie, ensuite : tout en la condamnant, il souligne la bonne entente qui règne entre les coépouses, et oppose l'absence de jalousie conjugale chez les Indiens aux tracas et aux mesquineries du ménage monogame chrétien [11]. L'anthropophagie, enfin. Tout comme l'Allemand Hans Staden, qui avait bien failli être mangé par les Tupinamba, et dont le récit avait captivé les lecteurs européens [12], Léry redouta un moment de finir sur le boucan. Mais loin de voir dans l'exécution, le dépeçage et l'ingestion des prisonniers une façon barbare et animale de s'alimenter, il en dépeint longuement, sans en atténuer l'horreur, le caractère rituel. Comme dans l'exemple précédent, la pratique indigène est mise en relation avec les mœurs occidentales, dont elle sert à souligner, par comparaison, la cruauté : « [...] si on considère à bon escient ce que font nos gros usuriers (suçant le sang et la moelle, et par conséquent mangeant tous en vie, tant de veuves, orphelins et autres pauvres personnes auxquels il vaudrait mieux couper la gorge tout d'un coup, que de les faire ainsi languir), [...] on dira qu'ils sont encore plus cruels que les sauvages dont je parle. »

D'ailleurs, « la sanglante tragédie qui commença à Paris le 24 d'août 1572 » ne fut-elle pas l'occasion de « choses non jamais auparavant ouïes entre peuples quels qu'ils soient », d'actes tout aussi épouvantables, et qui ne s'inscrivaient, eux, dans aucune tradition sociale et religieuse ?

L'*Histoire d'un voyage fait en la terre du Brésil* eut un succès considérable, comme l'attestent quatre rééditions et des traductions dans toutes les langues d'Europe ainsi qu'en latin. Ce témoignage de première main sur la vie indigène inspira à Montaigne son *Essai,* « Des Cannibales »[13], et constitue certainement la source des développements ultérieurs sur « le bon sauvage ». Elle est considérée par Claude Lévi-Strauss comme le « bréviaire de l'ethnologue »[14].

JÉRÔME VÉRAIN

Notes

1. Gaspard de Coligny (1519-1572) ne se convertit officiellement au calvinisme qu'en 1559. Il sera l'une des premières victimes de la Saint-Barthélémy.
2. Villegagnon avait tenté d'interdire aux truchements de s'unir aux femmes indigènes.
3. Avait-on le droit, par exemple, de communier sans avoir recours aux « espèces » habituelles, le pain et le vin ? Le blé et la vigne, comme le signale Léry, étaient en effet inconnus au Brésil...
4. *Complainte contre fortune,* 1559. Cité par Géralde Nakam, *Montaigne et son temps,* Gallimard, collection « Tel », 1993 (p. 115).
5. Il semble que l'ouvrage avait été écrit, pour l'essentiel, par un « nègre », Mathurin Héret. Ce bachelier en médecine intenta un procès à Thevet et obtint un dédommagement de vingt écus d'or. Dans l'édition commentée qu'il a donnée de l'ouvrage (La Découverte, 1983), Frank Lestringant précise que, pour sa documentation proprement dite, Thevet était davantage redevable aux témoignages des truchements normands qu'à ses propres observations.
6. Pasteur à La Charité-sur-Loire, Léry échappa de justesse aux massacres qui s'y déroulèrent le 26 août 1572, deux jours après ceux de

Paris. Il se réfugia à Sancerre, qui soutint le siège puis le blocus des troupes royales jusqu'à l'été 1573. Sa relation des souffrances endurées par la population (la famine donna lieu à un cas d'anthropophagie), intitulée *Histoire mémorable de la ville de Sancerre* (1574), fut son premier écrit.

7. Il est étrange que Jean-Christophe Rufin, lauréat du prix Goncourt 2001 pour *Rouge Brésil* (Gallimard), ait cru bon de reprendre, dans les termes même de l'époque, la polémique du XVIe siècle sur ce sujet. Alors que son roman fait de Villegagnon un être ambigu mais sympathique, les protestants débarqués à Fort-Coligny sont présentés comme des « hommes en noir », « pleins de leur importance », intolérants jusqu'au fanatisme et soucieux avant tout de confort et de richesse. Il les décrit ainsi, à leur arrivée sur l'île : « Les nouveaux venus [...] étaient en bonne santé. Sans un Villegagnon à bord qui avait interdit, lui, tous les abordages, les navires avaient pris le temps de forcer en route quelques proies [...]. Réjouis de leur belle croisière, dégourdis par de faciles combats où ils étaient assurés d'avoir le dessus, bien nourris et abreuvés de bons vins, les arrivants, groupés sur la plage, faisaient face avec horreur à la troupe muette de ceux qui les avaient précédés. » Léry donne de ses deux traversées un témoignage moins idyllique...

8. L'auteur de *Rouge Brésil* en rajoute, là encore, avec quelques siècles de retard, sur l'apologétique papiste. Léry, qu'il mentionne brièvement, se serait contenté « d'observer les mœurs des sauvages comme on le fait des bêtes ou des végétaux ». Le respect que les réformés marquèrent à ces êtres impossibles à convertir n'aurait été « que le revers d'une indifférence absolue, qui les rejetait hors de l'humanité » (*ibid.*, p. 478). Assimiler la distance qui fonde la démarche ethnologique à un mépris raciste : un bel exemple de virtuosité casuistique.

9. Lettre du 31 mars 1557, citée par Géralde Nakam, *op. cit.* (p. 114).

10. *Singularités de la France antarctique*, chapitre IV, *op. cit.* (p. 49). On ne s'étonnera pas que Thevet se soit opposé ensuite à Las Casas, et ait

considéré comme « ridicules niaiseries » la dénonciation par ce dernier du génocide qui frappa les Indiens (*Vrais Portraits et Vies des Hommes illustres*, 1584 ; cité in *Singularités, op. cit.*, p. 172, note 10). *Cf.* Bartolomé de Las Casas, *Très Brève Relation de la destruction des Indes*, Mille et une nuits, 1999.

11. Sans doute parle-t-il en connaissance de cause. Léry, qui épousa à Genève, en 1559, la veuve d'un aubergiste, découvrit vite en Jeanne Rachel « un diable familier en sa maison ».

12. Le récit de son aventure fut publié pour la première fois en 1557. Hans Staden, *Nus, féroces et anthropophages*, Anne-Marie Métailié, 1979 ; Le Seuil, collection Points, 1990.

13. Mille et une nuits, 2000.

14. *Tristes Tropiques*, Plon, collection Terre humaine, 1955 (chapitre IX, p. 89).

Vie de Jean de Léry

1534. Naissance de Jean de Léry à La Margelle, en Bourgogne. Issu d'un milieu modeste, il apprend le métier de cordonnier.

1556. Léry est étudiant en théologie à l'Académie de Genève. En septembre, à la demande de Calvin, il part avec treize condisciples pour le Brésil, où Nicolas de Villegagnon a établi, l'année précédente, une petite colonie sur un îlot, dans la baie de Guanabara. Après une halte à Châtillon-sur-Loing, chez l'amiral Gaspard de Coligny, commanditaire de l'expédition, la petite troupe embarque à Honfleur, le 19 novembre. La flotte (environ trois cents hommes répartis sur trois navires) essuie une tempête. Plusieurs caravelles espagnoles ou portugaises sont abordées avec succès, durant la traversée.

1557. Arrivée, en mars, sur les côtes brésiliennes. L'échouage sur les hauts fonds est évité de peu. La célébration de l'eucharistie donne immédiatement lieu à des querelles théologiques entre Villegagnon et les nouveaux venus : il s'agit surtout de la « présence réelle » du Christ dans l'hostie, que contestent les réformés. En juin, l'un d'eux, Chartier, est renvoyé en Europe afin de demander l'arbitrage de Calvin. Le débat s'envenime au point que les huguenots choisissent, en octobre, d'échapper aux menaces de Villegagnon en se réfugiant chez les Tupinamba. En décembre, André Thevet fait paraître à Paris les *Singularités de la France antarctique.*

1558. En janvier, les huguenots embarquent sur un navire normand délabré, à l'exception de cinq d'entre eux; trois seront exécutés par Villegagnon après leur refus d'abjurer. Le retour de Léry et de ses compagnons se déroule dans des conditions épouvantables : tempêtes, erreurs de navigation du pilote, famine à bord. Ils atteignent la baie d'Audierne le 24 mai, totalement épuisés et affamés. Après quelques semaines de convalescence à Hennebont et Nantes, Léry regagne Genève.

1559. Villegagnon confie Fort-Coligny à son neveu, Bois-le-Comte, et rentre en France. Léry épouse, le 28 mai, Jeanne Rachel, veuve de l'hôtelier Otto Chautemps, décapité le mois précédent pour blasphème. Les relations du ménage s'avèrent vite orageuses : en octobre, Léry comparaît devant le Consistoire pour avoir battu son épouse; celle-ci reconnaît que c'est « pour bonne raison ».

1560. Le 15 mars, Fort-Coligny est pris par les troupes portugaises de Mem de Sá. Une épopée à la manière de l'*Énéide* publiée à Coimbra en 1563 célébrera la victoire sur les « luthériens de Villegagnon ». Le 5 août, Léry devient bourgeois de Genève. On l'encourage à exercer son métier de cordonnier, et non celui d'aubergiste, comme il le souhaite.

1561. Une polémique s'engage sur le rôle des protestants dans l'échec brésilien. Une *Histoire des choses mémorables survenues en la terre du Brésil,* qui paraît à Genève, évoque le martyre des trois protestants noyés dans la baie de Guanabara. Publication de *Réfutation des folles rêveries, exécrables blasphèmes, erreurs et mensonges de N.D. qui se nomme Villegagnon*, par Pierre Richer, et de la comédie de Conrad Badius ridiculisant Villegagnon, *Comédie du pape malade et tirant à sa fin*. En décembre, Léry part pour la France, où il devient prédicateur.

1562. Léry est à Belleville-sur-Saône. Après le massacre de Vassy, qui marque le début des guerres de religion, il tente de protéger les catholiques contre les violences huguenotes.

1563. Léry revient sans doute à Genève parfaire ses études de théologie. Il rédige une première version de son récit brésilien, à partir de ses notes écrites à « l'encre de brasil ». Le manuscrit est égaré à Lyon par un ami auquel il le confie.

1564. Léry, pasteur à Nevers, participe au colloque du Berry.

1565. La colonie huguenote que Coligny avait tenté d'établir en Floride, en 1562, est massacrée par les Espagnols.

1569. Léry est ministre à La Charité-sur-Loire, une des « places de sûreté » attribuées aux protestants par l'édit d'Amboise. La ville est successivement investie par les deux camps.

1572. Léry participe au colloque du Blaisois, à Orléans, et au synode national de Nîmes, en mai. Nuit du 24 août : massacres de la Saint-Barthélémy, à Paris, qui connaissent de nombreuses « répliques » en province. Le 26, Léry échappe, à La Charité, aux troupes italiennes du duc de

Nevers, et se réfugie à Sancerre, ainsi que nombre de huguenots fugitifs du Nord de la France. Disparition de la seconde version manuscrite du récit brésilien.

1573. De janvier à mars, la ville est assiégée et bombardée par les troupes de La Châtre, gouverneur du Berry. Les Sancerrois repoussent l'assaut donné le 19 mars, mais le blocus réduit les habitants à la famine : en juillet, une femme dévore le cadavre de son enfant. Après les capitulations de La Rochelle, Nîmes et Montauban, Léry prend une part active aux négociations de reddition. La capitulation est signée le 19 août : les survivants sont épargnés, mais la ville voit ses remparts rasés. Léry regagne la Suisse.

1574. Léry publie l'*Histoire mémorable de la ville de Sancerre.*

1575. André Thevet fait paraître sa *Cosmographie universelle.*

1576. Léry est pasteur en Bourgogne, à Couches puis à Saint-Bérain-sur-Dheune. Il retrouve « miraculeusement » le manuscrit égaré à Lyon, treize ans plus tôt.

1578. Première édition de l'*Histoire d'un voyage fait en la terre du Brésil, autrement dite Amérique,* « chez Antoine Chuppin, à La Rochelle », en fait à Genève. L'ouvrage sera réédité en 1580, 1585, 1599 et 1611, avec deux éditions latines (1586 et 1594).

1580. Première publication des *Essais* de Montaigne, dont le chapitre 31, « Des cannibales », fait état du voyage de Léry.

1581-1582. Léry participe, par deux fois, au synode de Bourgogne. Il est définitivement séparé de son épouse, dont il ne semble pas avoir eu d'enfant ; celle-ci a été excommuniée par le Consistoire de Genève pour mauvaise conduite.

1589. Léry, qui a quitté la France, où ses biens ont été confisqués, est installé au pays de Vaud. Il prête serment de fidélité à Berne. Jusqu'en 1595, il est diacre à Lavigny puis pasteur à Aubonne.

1595. Il est pasteur à L'Isle et Montricher.

1613. Léry meurt de la peste qui ravage le pays.

Repères bibliographiques

Œuvres de Jean de Léry

- *Histoire mémorable du siège de Sancerre,* édition de Géralde Nakam, Anthropos, 1975.
- *Histoire d'un voyage en terre de Brésil,* édition de Frank Lestringant, Le Livre de poche, 1994.

Études sur Jean de Léry

- Lestringant (Frank), *L'Atelier du cosmographe, l'Image du monde à la Renaissance,* Albin Michel, 1991 ; *Le Cannibale, grandeur et décadence,* Perrin, 1994 ; *Le Huguenot et le Sauvage,* Klincksieck, 1990 ; nouvelle édition revue et augmentée, 1999.
- Lévi-Strauss (Claude), *Tristes Tropiques,* Plon, collection Terre humaine, 1955.
- Nakam (Géralde), *Montaigne et son temps,* Gallimard, collection Tel, 1993.
- Staden (Hans), *Nus, féroces et anthropophages,* Anne-Marie Métailié, 1979 ; Le Seuil, collection Points, 1990.
- Thevet (André), *Singularités de la France antarctique,* édition de Frank Lestringant, La Découverte, 1983 ; Chandeigne, 1997.

Mille et une nuits propose des chefs-d'œuvre pour le temps d'une attente, d'un voyage, d'une insomnie…

La Petite Collection (extrait du catalogue) 361. Alfred JARRY, *L'Amour absolu.* 362. TIQQUN, *Premiers Matériaux pour une théorie de la Jeune-Fille.* 363. Jonathan SWIFT, *Modeste proposition pour empêcher les enfants des pauvres d'être à la charge de leurs parents ou de leur pays et pour les rendre utiles au public.* 364. Samuel Woodworth COZZENS, *Voyage au pays des Apaches.* 365. Frédéric FAJARDIE, *Mélodie Bleu nuit.* 366. Gustave FLAUBERT, *Novembre.* 367. Remy de GOURMONT, *Le Joujou patriotisme.* 368. Lorette NOBÉCOURT, *L'Équarrissage.* 369. Bram STOKER, *Le Géant invisible.* 370. Charles FOURIER, *Tableau analytique du cocuage.* 371. SÉNÈQUE, *Lettres à Lucilius.* 372. Karl MARX/Friedrich ENGELS, *Du colonialisme en Asie.* 373. Paul LAFARGUE, *La Légende de Victor Hugo.* 374. Claude FARRÈRE, *Fumée d'opium.* 375. Honoré de BALZAC, *Traité de la vie élégante.* 376. Émile DURKHEIM, *L'individualisme et les intellectuels.* 377. Khalil GIBRAN, *Rires et larmes.* 378. NOVALIS, *Hymnes à la nuit.* 379. OULIPO, *Abrégé de littérature potentielle.* 380. Alphonse DAUDET, *La Doulou (La Douleur).* 381. ARISTOTE, *Livre* Alpha *de la* Métaphysique. 382. Roland DUBILLARD, *Irma, la poire, le pneu…* 383. Alexandre DUMAS, *François Picaud.* 384. Élizabeth HERRGOTT, *Mionne ou la Dixième Muse.* 385. Franz KAFKA, *Le Terrier.* 386. COLETTE, *La Chambre éclairée.* 387. CICÉRON, *La Philosophie d'Épicure.* 388. CONDORCET, *Mémoire sur l'instruction publique.* 389. Eugène DELACROIX, *Anthologie du Journal.* 390. Vivant DENON, *Point de lendemain.* 391. Jean de LÉRY, *Les Indiens du Brésil.* 392. Guy de MAUPASSANT, *La Chevelure et autres histoires de fous.* 393. Michel de MONTAIGNE, *De l'institution des enfants.* 394. PLATON, *Charmide.* 395. Paul SCARRON, *La Précaution inutile.* 396. Jean-Jacques ROUSSEAU, *Lettres morales.* 397. ALAIN, *Propos impertinents (1906-1911).* 398. Jeremy BENTHAM, *Panoptique.* 399. Gustave FLAUBERT, *Lettres d'Égypte.* 400. Frédéric ROUX, *Fils de Sultan.* 401. SÉNÈQUE, *Les Consolations à Helvia.* 402. Jacques CAZOTTE, *Le Diable amoureux.*

Pour chaque titre, le texte intégral, une postface, la vie de l'auteur et une bibliographie.

49.4782.01.6
N° d'édition : 27695
Achevé d'imprimer en août 2002,
sur papier Ensoclassique par G. Canale & C. SpA (Turin, Italie).